블랙컨슈머
이렇게
대응하라

블랙컨슈머
이렇게
대응하라

초판 1쇄 인쇄일 2025년 3월 10일
초판 1쇄 발행일 2025년 3월 20일

지은이 박종태
펴낸이 양옥매
디자인 표지혜 송다희
마케팅 송용호
교　정 조준경

펴낸곳 도서출판 더문
출판등록 제2012-000376
주소 서울특별시 마포구 방울내로 79 이노빌딩 302호
대표전화 02.372.1537　**팩스** 02.372.1538
이메일 booknamu2007@naver.com
홈페이지 www.booknamu.com
ISBN 979-11-89498-08-5 (03320)

블랙컨슈머 이렇게 대응하라

개정증보판

박종태 * 지음

현장에서 즉시 활용 가능한
전략적 블랙컨슈머 대응 지침서

더문

PART 1
조직적인 차원의 블랙컨슈머 대응하기

PART 2
개인적인 차원의 블랙컨슈머 대응하기

PART 3
블랙컨슈머 유형별 처벌 법령 및 사례

PART 4
유형별 블랙컨슈머 응대 시 필요한 실전 테크닉

PART 5
블랙컨슈머와의 협상 시 필요한 대응 테크닉

PART 1

조직적인 차원의
블랙컨슈머 대응하기

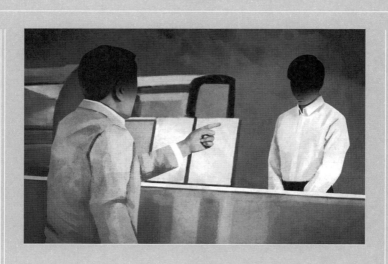

조직 차원의
블랙컨슈머 대응 전략

    몇 년 전 금융권에서 블랙컨슈머에 의한 욕설이나 성희롱이 발생할 경우 금융회사가 직원을 보호하도록 하는 의무화 법안이 국회를 통과해서 현재 법률이 현장에서 적용되고 있습니다. 국회를 통과한 법안에는 이러한 내용들이 포함되어 있습니다.

- 고객의 폭언이나 폭행 등으로부터 직원들을 직접 보호

- 상시적 고충 처리 기구 마련

- 직원 보호를 위해 필요한 법적 조치의 의무적 실시

- 직원 요청 시 해당 악성 민원인으로부터 분리 및 업무담당자 교체

- 직원에 대한 치료 및 상담 지원 실시

- 직원이 해당 조치 요구 시 불이익 금지

위에서 보신 바와 같이 고객의 폭언이나 폭행으로부터 직원들을 직접 보호하고 불이익이 없도록 하며 만일 이를 위반하면 과태료 부과하겠다는 법률이 국회를 통과되었으니 그다음 날부터 블랙컨슈머는 금융업계에서 사라지고 없어졌을까요? 여러분들이 생각하기에도 그렇지 않을 것 같지요?

왜 그럴까요? 단순히 법률로 정한다고 블랙컨슈머 문제가 해결되지 않습니다. 블랙컨슈머에 대응하기 위해 필요한 시스템이나 프로세스를 갖추어 놓고 매뉴얼을 통해 교육을 시키고 상황에 맞는 권한위임을 부여해야 그나마 현재 금융권에서 벌어지는 블랙컨슈머의 횡포를 막을 수 있지 않을까요?

'천 리 길도 한 걸음부터'라고 먼저 블랙컨슈머에 대응하기 위해 조직 차원에서 가장 먼저 선행되어야 할 것은 무엇인지 알아보도록 하겠습니다.

블랙컨슈머에 대한 내부적인 정의 및 기준 마련하기

현장에서 업무를 수행하는 직원들이 이러한 법적인 보호를 받기 이전에 기업은 블랙컨슈머에 대해서 어떻게 대응해야 할지를 고민해야 합니다. 제가 생각하기에, 블랙컨슈머에 대한 정의가 먼저 내려져야 할 것 같습니다. 기업이 "어떤 사람들을 블랙컨슈머라고 정의할 것인가?"라는 것이 명확하지 않으면 말 그대로 '코에 걸면 코걸이, 귀에 걸면 귀걸이'가 될 가능성이 높기 때문입니다.

실제 교육을 하면서 교육생들에게 물어보면 대부분이 블랙컨슈머를 명확히 정의 내리지 못하거나 기준을 잡는 것을 어려워하는 경우가 많습니다. 블랙컨슈머에 대한 정의와 범위가 선행되어야 이들에 대한 대응 전략은 물론, 현장에서 대응할 수 있도록 해 주는 매뉴얼이 나올 수 있지요.

일반적으로 블랙컨슈머라고 하면 피해 고객이 아님에도 불구하고 억지 주장을 일삼는다거나 상습 보상, 성희롱, 욕설, 무조건 윗사람을 찾는 사람, 악성유포 등을 블랙컨슈머로 정의할 수 있습니다. 이보다 더 나가서 최근에는 해당 분야에 대한 해박한 전문지식으로 무장하고 금전적인 보상을 목적으로 민원을 직업적으로 일삼는 사람들도 블랙컨슈머라고 할 수 있습니다.

최근 인터넷은 물론 SNS(Social Network Service) 등의 고객 소통채널이 확장되면서 이들 블랙컨슈머의 일탈 행위도 갈수록 교묘해지고 있으며, 불만을 제기하는 대상 또한 매우 다양해지고 있습니다. 국내 기업들이나 기관들이 블랙컨슈머에 대해 어떻게 정의를 내리고 있는지 살펴보면 아래와 같습니다.

국내 기업의 블랙컨슈머에 대한 정의[*]

업체	블랙컨슈머에 대한 정의
A 통신	■ 통신분야의 전문지식을 바탕으로 돈을 요구하는 고객 ■ 일반 상담사의 응대 태도 및 지식에 꼬투리를 잡는 고객 ■ 생떼, 억지 주장, 정신적 피해보상 요구
B 통신	■ 별도로 악성민원 및 블랙컨슈머 정의 내리기 어려움 ■ 억지 주장, 상습 보상, 성희롱, 욕설, 무조건 윗사람을 찾는 사람, 악성유포
C 은행	■ 성희롱 및 욕설 등 언어폭력 행위 고객 ■ 반복적인 전화로 업무 방해 고객
D 보험사	■ 동일 사안 반복 및 장시간 통화, 상습적인 업무 방해 ■ 욕설 및 성희롱, 협박 등의 언어폭력
E 보험사	■ 인격모독 및 비하, 욕설, 성희롱, 폭언을 일삼는 고객 ■ 상식적이지 않은 무리한 요구
F 공공기관	■ 통화 시간이 긴 고객이나 동일 사안 반복 ■ 업무 방해 고객
G 홈쇼핑	■ 응대 상황별로 기준 판단 ■ 언어폭력, 과대 보상 요구 및 악의적인 주문
H 공공기관	■ 심한 욕설 및 과도한 보상 요구 ■ 공사 업무와 상관없는 불만 제기 [특정한 사유 없이 상급자 통화 요구]
I 제조	■ 무리한 환불 요구 [고객 귀책사유에 의한 미저장] ■ 제품과 관련 없는 정신적 · 물리적 피해보상 요구
J 카드사	■ 욕설, 성희롱, 폭언 등 모욕을 주는 행위 ■ 정부기관, 언론, 인터넷 등에 민원 제기 협박 ■ 과도한 금전적 보상 지속적 요구
K 병원	■ 의료진의 실수, 언행 등 꼬투리 잡아 보상을 요구하는 고객 ■ 약 먹고 간이 안 좋아졌으니 보상 요구 ■ 직원에게 욕설 및 폭언은 물론 성희롱하는 고객 ■ 의료 과실은 물론 간호사의 말실수나 행동까지 꼬투리를 잡는 고객 ■ 폭언, 협박, 기물 파손 등으로 정상적인 업무를 방해하는 고객

[*] 2012년 한국능률협회컨설팅(KMAC)의 블랙컨슈머 관련 자료와 2014년 통신분야 악성이용자로 인한 피해현황 분석 및 공동대응 방안 연구 자료 및 업체 교육 시 교육생들이 정의한 내용을 인용함

블랙컨슈머 전담 조직 구축하기

블랙컨슈머에 대한 정의를 하였다면, 블랙컨슈머에 대응하기 위한 조직 구성을 생각해 봐야 합니다. 여러분들도 잘 알고 계시다시피 블랙컨슈머는 어느 특정 부서에서 대응하기 어렵습니다. 교육이나 컨설팅을 가 보면 대부분의 업체가 전사적으로 블랙컨슈머를 전담하는 조직이 없는 경우를 많이 봅니다. 대부분 고객 응대 및 불만처리와 연관이 있다고 CS부서가 대응하는 경우가 많지요. 그렇지만 블랙컨슈머 이슈는 단순히 CS부서에서 처리하기에는 분명 한계가 있습니다.

전사적으로 대응해야 신속한 업무 처리가 이루어지는데, 여러 가지 사안이 복잡하게 얽혀 있는 사안에 대해 협조가 잘 이루어지지 않다 보니 현장 직원들만 힘든 경우가 많습니다. 따라서 전사적인 대응부서를 마련하고 블랙컨슈머에 대한 대응을 철저히 해야 합니다. 전담부서는 블랙컨슈머에 대한 정의를 기준으로 월ㆍ분기ㆍ반기 단위로 블랙컨슈머를 심의하거나 선정하는 심의회를 열어 이들을 별도로 관리하거나 대응하는 조직을 의미합니다. 즉 블랙컨슈머 대응과 관련한 모든 이슈를 관리하고 해결하는 등 총괄적인 책임을 지는 콘트롤타워(Control tower)역할을 수행하는 조직이 필요한 것입니다.

일부 기업의 경우, 블랙컨슈머 전담부서를 구성해서 심의는 물론 확보된 증거 자료를 가지고 소송 및 고발조치까지 하는 등 적극적으로 대응하고 있습니다. 전담부서 직원에게는 직급별로 권한위임을 제공하여 명백한 사안에 대해서는 즉각적인 보상이 이루어지게 하지만, 그렇지 않은 경우에는 내용증명이나 법적 대응과 같은 적극적인 조치를 취하기도 합니다.

심지어 일부 쇼핑몰 업체에서는 블랙컨슈머로 선정이 되면 일반 직원과의 접촉을 차단하고 주문 및 해당 서비스를 이용할 수 없도록 조치하고 있으며, 전담부서로 이관되게 하여 대응할 수 있도록 하고 있습니다. 이와 함께 블랙컨슈머를 체계적으로 그리고 효율적으로 대응하기 위해 전담부서 외 유관부서의 책임과 권한(Role & Responsibility)이 명확히 규정되어야 합니다.

CS부서는 물론이고 법무팀이나 마케팅팀, 경영 관련 부서 등 블랙컨슈머 대응에 대해서 명확하게 역할과 책임이 규정되어야 체계적인 대응이 가능해지기 때문입니다. 이와 함께 각 부서 간 커뮤니케이션이나 공조체계가 확보되어야 좀 더 효과적이고 강력한 대응이 가능해집니다.

실질적이고 현장에 맞는 블랙컨슈머 응대 교육 및 직원 보호 프로그램 운영하기

이와 함께 블랙컨슈머에 대응하기 위한 체계적인 교육과 함께 직원 보호 프로그램을 운영해야 합니다. 단순히 예전처럼 고객 불만에 대응하기 위한 일반적인 고객불만을 예방하는 교육으로는 어림없습니다. 따라서 블랙컨슈머의 심리나 행동 유형에 따라 어떻게 응대해야 하는지에 대한 구체적이고 실무적인 교육이 진행되어야 합니다. 예를 들어, 블랙컨슈머 응대 시 상황별 또는 유형별로 응대 기법을 교육하거나 이러한 교육을 강화시키기 위해 역할연기 및 모니터링이 병행되어야 합니다. 또한 교육 및 훈련을 통해 실제 응대한 사례를 가지고 공유하는 것도 한 가지 방법입니다. 그뿐만 아니라 정기적인 모니터링을 통해 타 업체의 사례를 수집하고 이를 업무에 반영하거나 실제 내부 직원들을 대상으로 학습 조직을 구성해서 유형별로 어떻게 응대를 해야 하는지 결과물을 가지고 매뉴얼을 개발하거나 현장에 반영하는 것이 바람직합니다.

이와 함께 직원 보호 프로그램을 별도로 운영할 필요가 있습니다. 예를 들어, 심한 욕설을 퍼붓는 고객을 대상으로 전화를 끊을 수 있는 권한을 제공하거나 고객의 행위나 태도에 따라 축적된 고객 데이터를 근거로 이용을 제한하거나 녹음 또는 녹취할 수 있는 도구를 제공하는 것은 물론 고객 접점에 직원의 이익을 저해하는 행위에 대해서는 처벌받을 수 있음을 안내하는 배너나 홍보물을 통해 다양한 채널에 지속적으로 홍보하는 것도 방법일 수 있습니다.

위에서 언급한 녹음기 외에도 CCTV 및 직원과 고객의 동선을 고려하여 직원을 보호하기 위한 출입문 또는 투명 가림막을 설치하거나 고객 응대 시 만약의 사태에 대비하기 위한 고객응대 테이블의 충분한 이격거리 유지 등을 고려할 수 있습니다. 이외에도 긴급호출 시 경찰이나 전담경비인력이 출동하는 비상벨 설치 등 다양한 조치를 통해 고객응대 근로직원을 보호할 수 있는 환경을 조성하거나 프로그램을 운영하는 것이 바람직합니다.

이외에도 블랙컨슈머를 응대하고 있는 직원을 빠른 시간 내에 고객으로부터 격려하거나 이후에는 적절한 휴식을 주는 것도 한 가지 방법입니다. 가장 강력한 방법은 책임과 권한에 맞는 권한위임을 제공하거나 전담부서로의 이관이 쉬울 수 있도록 해 주는 것입니다. 사실 서두에서 언급한 2018년에 제정된 감정노동자 보호법안만 잘 지켜져도 더 이상의 문제는 발생하지 않습니다만 현실은 그렇지 않은 것이 문제라고 할 수 있습니다.

블랙컨슈머와 관련한 데이터 확보 및 시스템 구축하기

위에서 언급하였다시피 블랙컨슈머를 심의하고 판정하는 위원회가 정기적으로 열린 후 선정된 블랙컨슈머는 특정 코드화해서 별도 관리가 이루어지게 해야 합니다. 이미 많은 곳에서 일반 불만 고객에 대해서는 시스템화를 통해 경고(Alert)를 알리거나 사전에 어떤 고객인지 인지할 수 있는 시스템을 구비해서 운영하고 있습니다.

고객의 폭언이나 욕설 및 성희롱에 대해서는 단계를 거쳐 주의 및 경고를 주었음에도 불구하고 지속되면 상담을 거부하는 ARS 음성을 내보낸 후 단선조치를 취하는 경우도 있습니다. 그뿐만 아니라 직원의 인권 보호를 위해 통화 내용이 녹음된다는 것을 미리 ARS에 반영함으로써 선제적인 대응이 가능할 수 있습니다.

이에 덧붙여, 대부분 보상이겠지만 블랙컨슈머가 요구하는 사항이 무엇인지를 파악하여 이를 코드화하는 것도 고려해야 합니다. 현장에서 교육을 진행하거나 컨설팅을 하다 보면 상담시스템을 갖추어 놓고도 블랙컨슈머가 요구하는 사항이 무엇인지에 대해서는 별도로 코드화해 놓지 않은 기업들을 많이 보게 됩니다. 당연히 코드화가 되어 있지 않으니 분석이 될 리 없겠지요. 블랙컨슈머의 요구 사항이 아니더라도 블랙컨슈머 응대 시 대안을 목록화하는 것도 바람직합니다. 물론 대안을 제시할 때는 당연히 현실적이고 실현 가능해야겠지요.

이렇게 블랙컨슈머가 요구하는 것과 이들을 응대할 때 자사에서 마련한 대안을 코드화하고 이를 분석하는 것이 중요합니다. 코드화를 예로 든다면 환불, 교환, 수리, 회수, 사과, 보상, 무보상, 판정 등을 대-중-소로 분류하고 세분화하여 이를 정기적으로 분석하는 것입니다. 물론 새로운 유형이 발생하면 추가적으로 코드에 반영하면 됩니다. 이렇게 대안 분석을 통해 유형을 파악하면 블랙컨슈머에 대한 체계적인 전략 수립이 가능해지고, 나름대로 자사의 경험이 축적되어 앞으로 대응하기가 한결 수월해질 수 있습니다. 이와 함께 VOC사전예보제와 마찬가지로 정기적인 분석을 통해 계절별로 또는 이벤트별로 블랙컨슈머와 관련된 이슈가 무엇인지 파악하여 선제적인 대응이 가능해집니다.

현장 상황에 맞는 실무중심의 매뉴얼 개발 및 활용하기

그렇습니다. 위에서도 언급하였다시피 현장에서 반드시 필요한 것은 매뉴얼입니다. 완벽한 매뉴얼이라면 좋겠습니다만, 그렇지 않다고 하더라도 위에서 언급한 것과 같이 현장 직원들이 블랙컨슈머에 어떻게 대응해야 하는지에 대한 근간이 되는 지침은 있어야 한다는 것입니다. 단순히 CS중심의 지침이 아닌 직원이나 조직 입장에서 위험 관리할 수 있는 지침이 필요하다는 의미입니다.

블랙컨슈머의 유형과 그들이 저지르는 수법이 너무 다양하기 때문에 대응이 어렵다면, 직원들이 적어도 대응을 위해 필요한 단계적 절차 및 지침이나 권한, 관계법령은 물론 보상 기준과 근거 기준을 제시한 매뉴얼이라도 있어야 합니다. 직원이 잘못 응대할 경우 기업에 치명타를 줄 수 있는 것에 대해서는 단계별 대응 절차가 마련되어 있어야 피해를 최소화할 수 있기 때문입니다.

예를 들어, 기업과 상대하기에 역부족이라고 생각하는 블랙컨슈머는 기업보다는 접점 직원들을 대상으로 정신적 또는 심리적으로 압박해 오는 경우가 있습니다. 이때 압박에 못 이겨 접점 직원이 개인적인 의견을 얘기하면 이를 녹취했다가 나중에 이를 빌미로 기업을 압박해 오는 경우가 종종 발생합니다. 이러한 일들을 방지하기 위해 현장에서 일하는 직원들에게 단계별 대응 방법이나 지침을 내려 주어야만 향후 기업 차원의 대처가 수월해지거나 대응을 효율적으로 할 수 있는데, 문제는 이러한 매뉴얼조차 갖추고 있지 않은 기업이나 기관이 많다는 사실입니다.

중대하고 명백한 사안에 대해서는 법적 대응하기

일반적으로 기업이나 기관의 경우 그간 쌓아 온 이미지 저하를 우려하여 블랙컨슈머 대응에 있어서는 소극적인 대응이 일관해온 것이 사실입니다. 사실 블랙컨슈머에 대한 법적인 대응이라는 것이 쉽지는 않고 법적 대응에 대한 기준이 애매모호한 경우도 있습니다. 또한 법적 대응으로 인해 사업상의 리스크를 감수해야 하는 경우도 발생합니다. 예를 들어 법적 대응을 했을 경우 소요되는 비용이나 시간이 만만치 않기 때문입니다. 게다가 소송을 거는 기업의 경우 블랙컨슈머의 행위에 대해서 완벽한 증거나 확신을 가지고 있다고 하더라도 법적 대응에 대한 해석은 사람마다 다르기 때문에 법적 대응을 망설이는 경우도 있습니다.

법적인 대응이 최선의 대응책이 아니라고 하더라도 중대하고 명백한 사안에 대해서는 적극적으로 법적 대응을 해야 합니다. 왜냐하면 이러한 법적 대응은 블랙컨슈머의 잘못된 태도나 행위를 예방하는 효과가 있고 이러한 선례가 남으면 기업이나 기관입장에서도 해당 조치와 결과를 근거로 적극적으로 대응할 수 있는 동력이 생기기 때문입니다. 국내 기업이나 기관에서는 이미 블랙컨슈머에 대한 적극적인 법적 대응을 통해 유사한 피해를 예방하거나 직원의 안전을 위협하는 요소를 제거하여 안정적으로 근무할 수 있는 근무여건을 조성하는 등의 효과를 보고 있습니다.

지금까지 우리는 블랙컨슈머에 대응하기 위해 선행되어야 할 것은 무엇인지에 대해 알아보았습니다. 블랙컨슈머와 관련하여 기업들은 선행되어야 할 일들에 대해서 충분히 준비하지 않거나 미흡한 상태에서 무조건 현장 조직이 알아서 할 일이라고 수수방관하는 경우가 많습니다. 그렇다 보니 현장에서는 블랙컨슈머로부터 받는 고통이 예전보다 획기적으로 줄었다는 느낌을 체감하기 힘들지요. 이제부터라도 필자가 말씀드린 몇 가지 내용들을 곰곰이 생각해 보시고 한 가지씩 실행에 옮겨 보시는 것은 어떨까요? 수백만 마디의 말보다 한 번의 실행이 블랙컨슈머로의 피해를 최소화할 수 있다는 사실을 잊지 마시길 바랍니다.

블랙컨슈머 대응은
정의와 기준부터 마련하라!

이제 '블랙컨슈머'라는 단어는 누구나 알고 있는 일반적인 용어가 되었습니다. 그만큼 이들의 활동이나 행위는 우리 주변에서 흔히 일어나고 있으며 사회적으로 많은 문제를 양산하며 공분을 자아내고 있습니다. 하루가 멀다 하고 터져 나오는 이들의 몰상식한 행위에 제3자의 입장에서도 분노가 치밀어 오를 만큼 정도가 심한 것이 사실입니다. 이들의 이러한 행위에 대해서 기업이나 기관에서도 다양한 대응 전략 및 방안을 수립하여 체계적으로 대응하려는 노력을 하고 있습니다.

그동안 매출 하락 및 이미지 저하를 우려해 미대응 또는 소극적인 대응으로 일관했던 기업이나 기관의 태도를 떠올려 보면 많은 변화가 일어나고 있다는 것을 체감할 수 있습니다. 일부 기업이나 기관의 경우 블랙컨슈머를 대상으로 법적 조치를 하기도 하고, 민사는 물론 형사 책임까지 물어 손해배상을 받아 내기도 하고, 사회질서를 어지럽힌 것에 대한 처벌을 받게 하는 등의 강경한 조치를 취하는 곳까지 있다는 사실에 대해 매우 적절한 조치라고 생각합니다.

　다만 기업이나 기관의 이러한 강경한 조치도 좋지만 블랙컨슈머를 체계적으로 대응하기 위해서는 다양한 활동이 병행되어야 함을 강조하고 싶습니다. 기업이나 기관의 직원들을 대상으로 강의를 할 때 "혹시 여러분들은 블랙컨슈머에 대해 어떻게 정의를 내리나요?" 또는 "조직에서 어떤 사람들을 블랙컨슈머라고 하나요?"라는 질문을 던지면 다양한 의견이나 생각을 말하지만 실제로는 블랙컨슈머에 대해서 자의적으로 판단을 내리는 경우가 많습니다. 자의적으로 판단한다는 것은 아직까지 기업이나 기관에서 명확하게 블랙컨슈머에 대한 정의를 내리지 않고 있음을 의미합니다.

　무조건 소리를 지르거나 욕을 하거나 보상을 요구하면 블랙컨슈머일까요? 사실 블랙컨슈머에 대한 정의를 명확히 내리기란 어려운데, 이는 클레임과의 경계가 애매하기 때문입니다. 일각에서는 단순히 '터무니없이 말도 안 되는 무리한 요구를 하거나 도가 지나친 행동을 하는 사람들' 또는 '구매나 소비행동에 있어 문제 행동을 일삼거나 금전적 보상을 요구하는 사람들'이라고 정의하기도 합니다. 이외에도 '고객의 입장에서 할 수 있는 정당한 문제 제기를 넘어서 과도한 요구를 하는 고객'이라고 정의합니다.

　그런데 위에서 내린 정의한 내용들을 보면 클레임과 겹치는 부분이 있는데 바로 금전적인 보상을 요구하는 고객, 그리고 과도한 요구를 하는 고객이라는 말을 좀 더 생각해 보면 다분히 주관적이고 추상적이라고 할 수 있습니다. 또는 도를 지나친 행동이나 문제 행동이라는 것도 현장에 있는 직원들이 판단하기에 애매하고 다소 추상적이라는 생각이 듭니다. 이러한 애매모호함 때문에 현장 직원들 입장에서는 자의적인 판단을 내릴 수밖에 없습니다.

위에서 필자가 블랙컨슈머 정의부터 시작하라고 한 이유는 현장에 있는 직원들에게 혼선을 주지 않고 명확한 기준에 입각하여 대응할 수 있도록 해야 한다는 점을 강조하기 위함입니다. 블랙컨슈머인지 정당한 클레임인지 구분도 명확하지 않은 상황에서 고성 또는 욕하거나 무리한 요구를 한다고 무조건 블랙컨슈머라고 단정 짓는 행위는 추후 대응에 있어 혼선을 줄 수 있고 정당한 주장을 하는 고객을 오해해서 오히려 고객 대응을 어렵게 할 수도 있기 때문입니다. 예를 들어 CS 차원에서 응대해야 할 고객을 위험 관리 차원에서 대응한다거나 오히려 위험 관리 차원에서 대응해야 할 블랙컨슈머를 CS 차원에서 대응함으로써 불필요한 자원을 낭비할 수 있는 위험이 있습니다.

따라서 필자가 말씀드린 대로 다양한 기관이나 전문가들이 내린 블랙컨슈머에 대한 정의가 아닌 각 기업이나 기관의 상황에 맞는 정의가 필요합니다. 다른 조직의 정의가 아닌 우리 조직의 상황에 맞는 정의가 필요한 것이죠. 블랙컨슈머에 대한 정의는 내부 논의를 통해 주관적인 판단을 배제하고 가급적 누구나 동의할 수 있는 기준을 만드는 것이 중요합니다.

블랙컨슈머에 대한 정의와 관련하여 이미 국내에는 2013년에 "블랙컨슈머행동의 개념화와 척도개발에 관한 연구"[*]를 통해 블랙컨슈머

---

[*] 이은경, 이은미, 전중옥 (2013), "블랙컨슈머행동의 개념화와 척도개발에 관한 연구," 한국마케팅관리학회, 18(4), 183-207.

에 대한 개념과 관련하여 심층적인 연구를 진행했고, 블랙컨슈머 행동의 특성은 물론 이들의 행동을 측정할 수 있는 측정도구를 개발하였습니다. 해당 연구에서는 정성적인 연구를 통해 블랙컨슈머 5개의 구성요인과 27개의 측정항목을 추출하였습니다. 그뿐만 아니라 측정항목의 신뢰성과 타당성을 검증하기 위해서 정량적 연구를 통해 4개의 요인을 도출하였는데, 이러한 연구 결과를 바탕으로 블랙컨슈머에 대한 개념 및 정의는 물론 대응 전략을 수립하는 데 이론적인 토대를 제공하였습니다.

해당 연구자료에 나온 5개의 구성요인은 아래와 같으며, 여기에 오랜 기간 동안 현장에서 근무해 온 필자의 입장에서 '비윤리성'이라는 것도 블랙컨슈머를 정의하는 데 중요한 기준이라고 생각되어 이를 포함시켰습니다. 아래와 같이 6가지 구성요인을 블랙컨슈머를 정의하는 데 있어 중요한 준거가 될 수 있습니다.

구성요인	주요 내용
상습성	■ 어떠한 특정한 행위가 단순히 한 번에 그치지 않고 반복적으로 일어나는 특성 ■ 과정 또는 결과로서의 교환, 환불, 보상 행위가 반복되는지 여부
억지성	■ 정상적인 방법으로는 잘 안될 수 있는 일을 무리하게 해내려는 특성 ■ 무지 또는 비양심에 기인하며 고객의 억지 주장이나 생떼의 형태로 발현
기만성	■ 남을 속여 넘기는 성질을 의미하며 이러한 성질이 의도적으로 드러났는지 여부 ■ 보통 기만은 숨김과 보여 줌의 교묘한 기술로 정의되는데, 자신의 잘못을 감추고 상대방을 속이려는 의도를 가졌는지 여부

과도성	■ 정상적인 정도에서 '벗어남' 또는 '지나침'을 의미하며 흔히 과도한 보상이나 부당한 요구 형태로 발현
고의성	■ 고객행동이 '계획적인 것'인지에 대한 여부 ■ 고객이 자신의 행위로 인해 어떠한 결과가 발생할 것이라는 것을 인식하였음에도 불구하고 그러한 행위를 하는 성질 ■ 자신에게 유리한 방향으로 유도하려는 목적으로 사전에 계획한 의도나 정황 포함
비윤리성	■ 고객으로서 마땅히 행하거나 지켜야 할 도리를 지키지 못하는 비윤리적 특성 ■ 타인의 아픔이나 공감능력이 없는 미성숙함 ■ 폭언, 폭행, 성희롱, 과도한 보상 요구의 형태로 발현

체계적으로 블랙컨슈머에 대응하려면 이들에 대한 정의는 물론 특성을 고려하여야 한다는 것은 기본입니다. 클레임 고객과 블랙컨슈머의 경계가 애매모호하여 정의를 내리는 데 있어 다소 추상적일 수는 있으나 이러한 판단기준이나 정의를 마련하는 것 자체가 직원들로 하여금 대응을 하는 데 있어 혼선을 최소화하고 선량한 고객을 보호할 수 있는 첫걸음이 됩니다. 블랙컨슈머에 대한 기준이나 정의가 있는 것과 없는 것에는 많은 차이가 발생할 수 있음을 잊지 않으셨으면 합니다.

따라서 위에서 공유 및 제시해 드린 블랙컨슈머의 특성을 고려하고 이를 기업이나 기관의 상황에 맞게 정의를 내리는 것이 바람직합니다. 그리고 정의를 내릴 때는 좀 더 구체적일수록 혼선을 최소화할 수 있다는 점을 기억하셨으면 합니다.

예를 들어 '동일 사안 반복' 또는 '장시간 통화'하는 사람들을 블랙컨슈머라고 정의한다면 이보다는 '동일한 사안을 3회 이상 반복한다'

거나 30분 이상 통화를 장시간으로 규정하는 것입니다. 또는 욕설 또는 인격 모독을 하는 고객도 구체적으로 부모에 대한 욕설, 신체 협박에 대한 욕설, 학력 또는 직업에 대한 비하 등과 관련하여 구체적인 사례나 예시를 들어 기준이나 정의를 내리고 규정하면 좀 더 확신을 가지고 응대할 수 있을 것입니다.

무엇보다 이러한 유형의 고객에 대해서는 무조건 CS적인 응대가 아닌 구체적인 대응 지침을 반영한 위험 관리 차원의 응대로 전환해서 대응하는 것이 불필요한 자원 낭비를 막고 직원을 보호하는 길입니다.

블랙컨슈머 대응,
투명성 확보가 우선이다!

흔히 '원인 없는 결과는 결코 없다'고 합니다. 블랙컨슈머가 지속적으로 발생하고 그들이 저지르는 몰상식하고 비이성적인 행위의 원인을 보면 결국 기업도 자유로울 수는 없다는 것이지요. 블랙컨슈머가 발생하는 원인을 보면, 기업의 원칙이나 체계도 없는 주먹구구식 대응이나 투명하지 못한 일 처리 때문에 발생하는 경우도 많습니다.

그뿐만 아니라 고객으로부터 불신을 자초하는 수준 이하의 정책이나 규정 및 서비스 등이 블랙컨슈머로 하여금 악성 행동을 하게끔 빌미를 제공했다고 해도 과언은 아닌 듯싶습니다. 블랙컨슈머로 단정 짓기 전에 해당 고객이 잘못했든 잘못하지 않았든 간에 그것은 나중에 밝혀질 일이고, 무엇보다 고객 입장에서는 해당 상품이나 서비스 이용에 대한 우려 또는 불안감이 '상당히 클 것이다'라는 점입니다.

이러한 고객의 불안이 확산 및 공유가 되면 결국 기업 입장에서는 이미지에 타격을 입을 것이고, 여러 가지 유·무형의 손해를 볼 것이 자명합니다. 근래 발생한 블랙컨슈머와 관련된 크고 작은 사건을 보면서 "기업 입장에서는 어떻게 대응하는 것이 바람직할까?" 생각해 보았습니다. 아무리 체계적으로 대응해도 완벽하지는 않을 것이고, 그로 인해 유·무형의 손해가 발생한다고 하더라도 대응 체계마저 없으면 속수무책으로 블랙컨슈머에게 당할 수밖에 없을 것이라는 생각이 듭니다.

최근 1인 가구의 증가와 혼밥·혼술족의 증가, 소득 수준의 향상, 여성의 사회 진출의 가속화, 건강과 웰빙을 강조하는 라이프 스타일의 변화로 인해 식생활 패턴도 다변화하고 있습니다. 이렇게 다양한 라이프 스타일의 변화로 인해 특히 가공식품에 대한 소비가 증가하고 있고 조리식품이나 세척 농산물에 대한 구입 또한 꾸준히 증가 추세에 있습니다.

특히 코로나로 인해 가공식품의 구입 경험이 급격하게 증가하였으며 단순히 MZ세대만이 아닌 중장년에 이르기까지 가공식품을 구입하는 비율은 지속적으로 증가하고 있습니다. 이러한 라이프 스타일의 변화로 인해 식품 이물질 발견 신고 또한 지속적으로 늘고 있는 것이 사실입니다.

잊을만하면 터져 나오는 것이 바로 음식물 이물질 삽입과 관련된 사건입니다. 업체가 크건 작건 꾸준히 지면을 장식하고 있으며 특히 배달음식에서 이물질이 나왔다고 주장하며 보상을 요구하는 진상들이 하루가 멀다 하고 발생하고 있습니다. 몇 해 전 발생한 편의점 삼각김밥에서 치아 보철물이 나왔다는 사건을 기억하실 겁니다. 그전에도 동일한 사건이 발생했는데 동일한 브랜드 편의점에서 또 발생한 것입니다. 이물질 신고가 접수된 즉시 편의점 본사와 협력사는 경위 파악을 위한 조사를 진행했고, 아말감 성분의 치아 충전재인 것으로 확인되었습니다. 좀 더 구체적인 조사 결과 공정상 해당 이물질의 혼입이 불가능하다는 결론을 내렸으며, 아울러 관할 지방자치단체와 식약처로부터도 제조 과정상 혼입 개연성이 지극히 낮다는 견해를 받기도 하였습니다.

문제는 이러한 식품 이물질과 관련하여 제기되는 의혹 중 판정 불가 사례로 판명이 나는 신고건수가 무려 45%에 이른다는 것입니다. 실제로 해결되지 못하고 유야무야하는 경우가 10건 중 무려 5건에 달한다는 의미인데, 만약 블랙컨슈머가 이물질을 몰래 작정하고 혼입을 했다면 기업 입장에서는 이러지도 저러지도 못하는 애매한 상황에 놓일 수 있다는 것이지요.

이와 함께 최근처럼 계란이나 육가공식품, 햄버거 사건에서 볼 수 있듯이 '먹거리'에 아주 예민한 소비자들이 늘어나면서 재빨리 반응하지 못하거나 대처하지 못하면 오히려 소비자들의 의심을 키워 브랜드 이미지 하락은 물론 판매에도 직접적인 영향을 미치는 경우가 늘어나고 있습니다. 실제 이물질로 인한 고객 항의가 접수되어도 이에 대한 문제를 규명하는 과정에서 식품의약품안전처에 의뢰해도 최소 4주가 소요되어 명확한 인과관계를 파악하기란 거의 불가능에 가깝습니다.

이렇게 명확한 인과관계를 파악하는 데 소요되는 기간이 길어지거나 자체 내 의사결정이 지연되면 기업 입장에서는 부담을 느끼기 마련이고, 고객 불만을 최소화하려는 목적으로 국내 기업의 경우 일부 제품에 대해서는 신속하고 체감할 수 있는 실질적인 보상을 통해 문제를 무마시키는 경우가 많습니다. 이 때문에 온라인 커뮤니티나

SNS에서는 종종 해당업체에서 보상받은 경험을 공유하는 글을 심심치 않게 볼 수 있습니다. 이 업체는 신속한 보상과 함께 문자와 편지는 물론 직접 방문을 통해 사과를 하기도 하고 재발 방지를 약속하기도 한다고 합니다.

위 업체 말고도 불만을 제기하면 사과와 함께 빠른 보상을 해 주는 식품업체들이 많습니다. 이물질이 혼입되었다면 보상을 해 주는 것이 당연하지만, 인과관계를 따져 보지도 않고 무조건 사과와 보상을 한다면 이 또한 다른 소비자에 대한 역차별 또는 손해를 입힐 수도 있습니다. 또한 무조건 불만을 제기하면 보상해 준다는 사실이 공유되면 오히려 블랙컨슈머에게 악용의 빌미를 제공할 수도 있습니다.

따라서 무조건 보상보다는 매뉴얼 구축은 물론 어떤 경위로 이물질이 혼입되었는지를 명확히 규명하는 일이 선행되어야 할 것 같습니다. 제조 공정상에 문제는 없는지 유통하는 과정에서 이물질이 혼입될 가능성은 없는지를 살피고, 이에 대한 지속적인 개선을 위해 노력해 나가는 것과 기업 내부적으로 대응 원칙을 수립하는 것도 중요합니다.

국내 식품업체 P사의 경우 '이물질 불만처리 시한제' 또는 '온라인 CRM 시스템'을 통해 블랙컨슈머에 대응하고 있습니다. P사에서 시행하고 있는 이물질 불만처리 시한제가 무엇인지 알아보겠습니다.

먼저 자사 제품에 나방이 나왔다는 제보를 받았다면 관련부서가 직접 현장에서 관련 제품을 회수해 조사하고 조사 결과를 투명하게 공개합니다. 예를 들어 제품에서 나방이 나왔다면, 해당 곤충의 이빨이 있어 포장지를 뚫고 알을 낳을 수 있는 가능성이 있다는 설명과 함께 소비자 분쟁해결 기준에 의거하여 보상 처리를 합니다. 이러한 대응 사례는 주먹구구식이 아닌 명백한 증거와 조사를 통해 악의적인 악성 행동인지 아니면 실제 제품의 하자로 인해 발생한 것인지를 명확히 밝혀내는 역할을 합니다.

또 이러한 과정을 통해 블랙컨슈머의 유형이나 그들의 수법이나 특징을 발견하기도 합니다. 예를 들어 위와 같은 증거와 조사 결과를 통해 의혹을 제기하는 고객에게는 식품의약품안전청은 물론 외부 전문기관에 의뢰하여 철저하게 분석은 물론 실험을 통해 원인을 밝혀냅니다. 이 과정에서 대부분의 고객은 오해를 풀지만, 블랙컨슈머의 경우 거액을 요구한다고 합니다.

불만사항 접수(이물질 관련)	즉시
CRM 시스템 온라인 접수카드에 관련 내용 기록	
해당지점에 고객 관리요청	2시간 이내
해당지점의 CS팀이 고객방문, 현물확인 및 1차 해명	방문 후 4시간 이내
정밀점사 필요시 제품 수거	
내부 품질혁신팀 → 식약처 → 외부전문기관 순의로 의뢰	이물질 관련 보고는 1차 고객방문 후 24시간 이내
실험 및 분석 결과를 토대로 점검보고서 작성(2차 해명)	▪ 점검완료: 7일 ▪ 해명: 2일
불만사항에 대한 조치 완료	

이물질 관련 불만접수 및 처리 절차　　　　　　　　　　　[출처 : P사]

따라서 위에서 언급한 것처럼 비이성적인 행동으로 일관하는 블랙컨슈머에 대해서는 원인 파악이나 사안에 따라 단호한 대응이나 투명성이 확보되지 않으면 오히려 역풍을 맞을 가능성이 있습니다. 따라서 현장에서는 기업 이미지에 악영향을 우려해 블랙컨슈머가 원하는 수준의 적절한 보상을 해 주고 마무리하려는 구태에서 벗어나야 합니다.

　물론 이물질 관련한 불만 접수건에는 실제 기업이 잘못해서 발생한 건도 많습니다. 위에서 언급한 P사 외에도 많은 식품 업체에서 이물질 사건이 발생하고 있습니다. 문제는 이물질 사건이 발생하면 사건 자체를 덮어버리고 아무런 대응을 하지 않거나 고객의 잘못으로 몰아가려는 행태를 보인다는 것인데 이러한 대응은 상황을 더 악화시킬 가능성이 높습니다.

　한국소비자원에 따르면 국내 기업을 대상으로 조사한 결과, 대부분의 기업들이 기업 이미지를 고려해 블랙컨슈머의 부당한 요구를 수용해 준 적이 있다고 합니다. 이러한 구태와 주먹구구식 대응에서 벗어나려면 원리와 원칙에 의거해서 투명하게 절차대로 처리해야 합니다. 만약 잘못된 점이 있거나 개선해야 할 사항이 있다면 깨끗이 공개하고, 이로 인해 피해를 본 사람들에게 적절한 사과와 보상을 하는 것이 오히려 고객으로부터 신뢰를 얻을 수 있고 블랙컨슈머로부터의 만행(?)에서 벗어날 수 있는 길입니다.

　아울러 기업 측에서 제공하는 서비스는 물론 제품에 대한 철저한 관리가 선행되어야 합니다. 이를 위해 품질관리를 위한 모니터링 활동을 강화하거나 직원 대상 교육 및 훈련이 지속적으로 유지되어야 하며, 서비스의 질을 향상시키기 위한 다양한 노력과 함께 제품을 생산하는 공정이나 절차상 결함이 발생하지 않도록 제조 과정을 엄격히 관리해야 합니다. 또한 제품의 결함으로 인해 발생하는 AS 또한 중요한 요소이므로 최고의 서비스를 위해 표준화된 서비스 품질 유지는 물론, 지속적으로 서비스를 개선하기 위해 노력해야 합니다. 결국 철저한 품질관리가 블랙컨슈머에게 빌미를 제공하지 않는다는 사실과 투명성이 확보된다는 사실은 아무리 강조해도 지나치지 않습니다.

이와 함께 블랙컨슈머로 단정짓기는 어려운 상황에서 어쩔 수 없이 보상을 하더라도 보상 내용과 증거물을 확보하여야 하며, 보상하는 과정에서 협박이나 억지 주장에 의해서 어쩔 수 없이 현물이나 금전을 교부하였을 경우에는 블랙컨슈머를 대상으로 부당이득 반환청구를 할 수 있음을 알리는 것도 병행되어야 합니다. 예를 들어 보상을 하더라도 추후 거짓으로 판명될 경우, 민형사상의 불이익을 받을 수 있음을 알리거나 문서에 기록하는 것이지요.

국내 민법 741조에 의하면 '부당이득'이란 법률상 원인 없이 타인의 재화나 노무로부터 얻은 이익을 말하며, 부당이득은 피해를 입은 상대에게 반환해야 한다고 명시하고 있습니다. 다만 부당이득이 되려면 타인은 그 이익을 인해서 손실을 입어야 하며, 일방이 이득을 보았더라도 상대가 손실을 입지 않았다면 부당이득은 성립하지 않습니다.

위기 관리 차원에서
단호하게 대응하라!

　몇 해 전 정부에서는 갑질 근절과 함께 블랙컨슈머에 대한 특단의 대책을 내놨습니다. 흔히 마트나 백화점 등 사업장에서 '고객 응대 업무 매뉴얼'이 마련돼 직원에 대한 폭행이나 폭언을 일삼는 블랙컨슈머를 감시하고 이들을 중점 단속 대상으로 삼아 직접 경찰이 개입해서 신속하고 엄정한 수사를 진행한다고 밝혔습니다. 그리고 2016년 말에는 콜센터를 비롯해 백화점 매장에서 접점 직원을 대상으로 '갑'(甲)질한 블랙컨슈머 3,352명이 경찰에 입건되었다는 소식도 있었습니다. 이 뉴스를 접하면서 개인적으로 느꼈던 점은 우리 주변에 블랙컨슈머라고 하는 사람들이 저지르는 행위 또한 범죄 수준에 해당할 정도로 심각하다는 것이었습니다.

　다행히 일부 쇼핑몰업체에서는 ① 콜센터 직원을 포함한 직원에게 폭언이나 음란한 언행, ② 별다른 이유 없이 연락을 자주 하거나 소란 또는 협박하는 행위, ③ 구매한 제품이나 용역에 특별한 하자가 없음에도 불구하고 일부 사용 후 상습적 취소 또는 반품으로 업무를 방해하는 행위에 대해서는 회원 자격 제한 기준으로 삼아 퇴출시키거나 회원 등록 정보를 완전히 말소시키는 경우도 있습니다. 그뿐만 아니라 내부 위원회를 개최해서 블랙컨슈머로 선정될 경우 주문 및 접수를 아예 받지 않는 등의 강경한 대응을 하고 있는 업체도 있다고 합니다. 확실한 것은 과거와 달리 사안이 심각하고 명백한 경우 기업에서도 적극적인 대응을 한다는 것인데 이러한 기업의 대응은 고객응대 근로자를 보호하고 불필요한 자원의 낭비를 막을 수 있다는 점에서 바람직하다고 생각합니다.

그러나 이러한 기업의 대응에도 불구하고 범죄 수준에 비교될 정도로 블랙컨슈머를 대응하기에는 여전히 어려움을 토로하는 경우가 많습니다. 왜냐하면 그만큼 그들이 추구하는 목적이나 수법이 매우 다양화되고 있기 때문입니다. 블랙컨슈머들이 저지르는 악행과 관련하여 사례를 미리 받아서 강의를 진행하다 보면 세상에는 별의별 사람들이 다 있다는 것을 몸소 경험하게 됩니다. 대다수의 고객은 선량하지만 소수의 어떤 사람들은 여전히 '고객은 왕'이라는 말도 안 되는 왜곡된 인식을 가지고 다양한 수법을 동원해 직원들을 괴롭히고 기업으로부터 금전적인 이익을 취하기도 합니다. 따라서 정상적인 고객의 클레임에 대해서는 불만을 해결하기 위해서 최선의 노력을 다하는 것이 당연하지만, 그렇지 않은 경우는 위기 관리 차원에서 적극적인 대응이 필요합니다.

흔히 합리적이고 이성적이며 정당한 요구를 하는 고객에 대해서는 공감 및 존중 그리고 수용의 자세로 고객 만족을 위해 최선을 다해야 합니다. 어차피 상품이나 서비스는 사람에 의해서 제공되는 것이어서 실수가 있기 마련입니다. 이렇게 상품이나 서비스 실패가 발생했을 때 고객은 불만을 제기합니다만, 이때 고객의 불만 사항에 대해서 적절한 사과와 함께 해명하면 문제가 해결되는 경우가 있습니다.

이뿐만 아니라 불만의 원인이나 원인에 대한 사실을 규명 또는 파악하기 위해 해당 고객과 대화하면서 상호 타협점을 찾는 과정을 거치는 것도 중요합니다. 타협점을 찾는다는 것은 상호 신뢰를 구축해 나가는 과정이라고 할 수 있으며, 이러한 과정을 통해 타협점을 찾으면 고객의 불만 사항이 해결되는 경우가 많습니다. 흔히 컴플레인이나 클레임과 같은 고객의 불만이나 주장 또는 요구는 합리적이고 객관적인 사실을 근거로 제기하는 경우가 많습니다. 그래서 적절한 사과와 함께 문제의 원인이 제거되거나 타협점을 찾으면 자연스럽게 고객의 불만이 해결되는 경우가 많습니다.

그런데 합리적이지도, 객관적인 사실에 기인하지도 않으면서 보상이나 주장을 요구하는 수준이 과도하며 상식을 벗어난다면 이들에 대해서는 흔히 말하는 고객 만족 측면의 대응을 해서는 안 됩니다. 무리한 욕설이나 언행, 억지 주장은 물론 업무 방해와 함께 금전적인 보상에 초점을 맞추는 사람들은 고객 만족 측면의 대응이 아닌 기업의 위기 관리 측면에서의 대응이 필요하다는 것이지요.

따라서 조직에서는 고객 유형별로 대처 방법을 달리해야 합니다. 위에서 얘기했듯이 고객의 불만은 직원의 태도나 상품 및 서비스, 업무 처리 시스템의 불편함 등 다양한 요인에 의해서 언제든지 발생할 수 있습니다. 그러나 이러한 불만 요소를 해결해 나가는 방법에 있어서 공감은 물론 해결책을 제시하고 수용하려는 노력을 했음에도 불구하고 이를 걷어차 버리는 사람들에게는 고객 대접을 해 주면 안 된다는 점을 강조하고 싶습니다.

이러한 사람들에게는 기업이 마련해 놓은 고객 만족 프로세스나 고객 불만 회복 프로세스에 의한 대응이 통하지 않습니다. 따라서 이들에 대한 대응은 정상적인 고객 만족 프로세스에 의한 대응이 아닌 '위기 관리 차원의 대응'이 우선되어야 합니다. 아직 우리나라는 브랜드 이미지 훼손을 염려해서인지 블랙컨슈머에 대해서 단호한 대응을 하는 데 여전히 소극적인 대응으로 일관하고 있습니다. 오히려 이러한 기업의 소극적인 대응이 다양한 블랙컨슈머를 양산한 것이 아닐까라는 생각이 듭니다.

사실 선량한 고객으로부터 블랙컨슈머를 솎아 내기란 생각보다 쉽지 않습니다. 위에서 말씀드렸다시피 아직 국내에서는 블랙컨슈머에 대한 명확한 기준이 미흡하고, 예전과 달리 블랙컨슈머의 수법이 매우 다양해지고 교묘해져 일반적인 클레임인지 악성 민원인지를 구분하기가 쉽지 않은 것이지요. 예전에는 판단하기 쉬웠는데, 확실히 요즘은 이들을 구분하기가 쉽지 않습니다. 클레임과 블랙컨슈머를 구분하기 어려운 것처럼 말이지요. 향후 말씀드리겠습니다만 블랙컨슈머 중에서는 일반 고객이지만 상황이나 스트레스를 받는 상황에서 블랙컨슈머로 돌변하는 경우도 있습니다. 정상적인 사고와 합리적이고 이성적인 태도를 보이는 고객임에도 불구하고 특정한 상황이나 사건이 임계치를 넘을 경우, 필요 이상의 반응을 보이는 경우도 있다는 것이지요.

따라서 블랙컨슈머에 대한 기준을 나름대로 정의를 하는 것에서부터 위기 관리 대응이 필요하다고 생각합니다. 그간 축적되어 온 고객 불만 대응을 통한 경험과 다양한 정보 및 데이터에 근거해 자사의 블랙컨슈머를 스스로 정의하고, 이를 근거로 하여 체계적으로 대응하기 위한 시스템을 갖추는 것이 우선되어야 합니다. 이와 함께 프로세스 마련은 물론, 직원에 대한 교육을 통해서 블랙컨슈머에 대해서 단호하게 대처하는 환경과 분위기를 조성해야 하는 것은 너무도 당연하고요.

프로세스가 마련되면 자연스럽게 상황에 맞는 매뉴얼이 개발되어서 현장에 활용되겠지만, 여기서 중요한 것은 아무리 다양한 유형의 매뉴얼이 있어도 현장에서 일하는 직원들의 '감(感)'을 따라갈 수가 없다는 것입니다. 일반적으로 현장에 공유되는 매뉴얼은 말 그대로 매뉴얼일 뿐, 그러한 매뉴얼로 블랙컨슈머에 응대하다 보면 오히려 혼란을 가중시키는 경우가 종종 발생합니다. 다양한 유형의 고객을 만나면서 얻게 되는 정보와 함께 체화된 경험에서 비롯된 감은 하루아침에 얻어지는 것이 아닙니다. 따라서 직원들의 현장 대응능력과 판단력을 향상시킬 수 있도록 다양한 교육이나 훈련이 병행되어야합니다. 이와 함께 이들이 창의적으로 문제를 해결할 수 있도록 적절한 권한위임이 제공되어야 하겠지요.

이와 함께 위에서 단호함을 언급하였습니다. 여기서 단호함이란 사전적인 의미 그대로 블랙컨슈머에 대한 입장이나 태도 자체가 과단성 있고 엄격해야 한다는 것을 의미합니다. 서두에서도 말씀드렸다시피 블랙컨슈머에 대해서는 '고객 만족 프로세스에 기반한 대응'이 아니라 '위기 관리 차원의 대응'으로 접근해야 합니다.

이를 좀 더 구체화한다면, 필요에 따라 직원들에게 전화를 끊게 하거나 현장에서 업무재량권을 발휘할 수 있도록 하고 말도 안 되는 요구에 'No'라고 말할 수 있는 권리를 부여함은 물론 전담처리부서로 넘겨 조직적인 대응을 할 수도 있어야 합니다. 또한 명확한 사실관계 후 내용증명을 보내고 필요에 따라 고소 · 고발을 통해 그들의 잘못된 행동에 제동을 거는 행위가 필요합니다.

기업 입장에서는 내외부적으로 다양한 이슈에 대해서 위기 관리 차원에서 대응하듯이 블랙컨슈머도 위기 차원에서 대응하는 것이 바람직합니다. 왜냐하면 이들의 행위는 그들 자신의 행위만으로 끝나지 않고 타인도 해당 행위를 하라고 부추기며 이를 통해 기업의 입장을 왜곡시키고 건전한 상거래를 방해하기 때문입니다.

이들이 저지르는 행위들은 거의 대부분 범죄이거나 범죄에 가까운 행위들입니다. 그런데 지금까지 우리 기업들이 이들 범죄자들에 대해서 '단호한 조치'가 아닌 소극적이고 미봉적인 조치로 일관한 결과, 오늘날 블랙컨슈머가 더욱 기승을 부리는 상황을 만들어 놓았다고 해도 과언이 아닙니다. 결국 블랙컨슈머를 솎아 내야만 선량한 고객을 보호할 수 있고 회사의 이미지 또한 좋아질 수 있으며 고객과 기업의 정상적인 거래로 인해 시장의 건전성이 확보될 수 있습니다.

블랙컨슈머에 대한
적극적인 대응이 필요한 이유

불만 고객 중 블랙컨슈머의 비율은 2~3% 내외라는 통계가 있습니다. 실제로 블랙컨슈머가 많지는 않지만 문제는 이러한 악성 행동이 매체를 통해 정보의 형태로 공유되고 커뮤니티나 SNS를 통해 공유는 물론 학습화가 이루어진다는 점입니다. 이외에도 이러한 블랙컨슈머의 행위가 쉽게 사라지지 않는다는 것이고, 학습화된 악성 행동은 더욱더 진화하여 바이러스처럼 퍼진다는 것이지요.

최근 미디어를 장식하는 블랙컨슈머가 저지르는 행위나 수법을 보면 갈수록 교묘해지고 있음을 쉽게 알 수 있습니다. 경기도 소재 소상공인 1,000명을 대상으로 진행한 설문조사에 따르면, 55.8%가 최근 2년간 블랙컨슈머를 경험했다고 합니다. 갑질 행동은 물론 포털이나 배달 플랫폼에 악성 댓글 및 리뷰 갑질로 협박하는 경우가 많았으며, 특히 금전적인 손해를 입은 소상공인도 41.9%로 나타났습니다.

이들의 수법이나 유형 또한 갈수록 진화하고 있는데 욕설이나 폭언과 같은 인격무시 외에도 거짓 또는 속임수, 억지주장은 물론 인터넷이나 언론 유포 위협과 함께 심한 경우 기물파손이나 폭력을 이어지는 경우도 많은 것으로 나타나고 있습니다. 무엇보다 과도한 보상을 요구하는 것이 문제인데 정상적인 방법으로 어려우니 다양한 수법을 쓰는데 갈수록 블랙컨슈머의 수법이 교묘해지고 있습니다.

이러한 블랙컨슈머에 대해서 유형별 대응 지침이나 다양한 전략을 마련하여 대응하고 있으나 갈수록 교묘해지는 수법과 과다한 보상 요구에 참다 못한 기업들이 매뉴얼 강화는 물론 적극적인 법적 대응을 하고 있는 것으로 나타났습니다. 대부분의 업체들이 기업 이미지 실추는 물론 웹 소문을 통한 매출 하락을 우려해 그간 소극적인 대응으로 일관했던 것이 사실입니다. 그러나 블랙컨슈머의 행동이 갈수록 그 정도가 심해짐에 따라 적극적인 대응으로 전환하고 있는 추세입니다.

이는 비단 기업에만 국한된 것이 아니라, 다산콜센터와 같이 공공기관에서도 적극적으로 대응을 하고 있습니다. 삼성전자를 대상으로 난동을 부리고 200여 차례에 걸쳐 2억여 원을 뜯어낸 블랙컨슈머에 대해 법적 대응으로 징역 3년의 실형이 내려졌고, 부산의 대형마트에서는 식품에 고의로 곤충을 집어넣고 300개 업체를 대상으로 협박을 일삼아 3,500만 원을 갈취한 블랙컨슈머에 대해 공갈 협의로 고소해 구속시켰습니다. 또 국내 모 통신사와 다산콜센터에 무려 1만 번 가까이 전화해 욕설과 성희롱을 일삼은 블랙컨슈머에 대해서는 성폭력 범죄의 처벌 등에 관한 특례법 위반(통신매체이용 음란) 혐의로 1년 6개월의 징역 선고가 내려졌습니다.

그뿐만 아니라 2023년에는 다산콜센터 직원을 대상으로 지속적인 폭언을 퍼부은 악성 민원인에게 폭행·협박·업무방해죄 및 정보통신망법 위반 등의 혐의로 징역 8개월을 선고한 사례도 있습니다. 해당 판결이 중요한 이유는 언어폭력만으로도 집행유예가 없는 실형이 선고되었기 때문입니다. 이에 따라 언어폭력의 강도가 심하거나 지속적으로 반복될 경우, 위법 여부를 검토한 후 법적 조치를 취하는 것이 가능해졌습니다.

"음식에서 벌레나왔다" 거짓말 블랙컨슈머, 1심서 실형

보상금 2억 뜯은 '블랙컨슈머' 징역 3년

삼성전자 상대로 제품트집-협박
법원 "죄질 불량해 엄벌 불가피"

"고장났다" 기업 협박해 수억 뜯은 블랙컨슈머 징역3년

본인이 굽던 고기 태우고 "밥값 못내"…상습 블랙컨슈머 '실형'

'음료수에 염산' 악성 블랙컨슈머 항소심도 실형

콜센터 상담원에 1만번 성희롱·욕설…'악몽의 전화'

120 상담사에 상습 욕설한 악성민원인, 징역 8개월 실형

서울시 다산콜센터에 '폭언·욕설' 벌금 400만원

120다산콜센터 '성희롱·욕설' 22명 법적 조치

이렇게 대기업의 경우, 블랙컨슈머의 억지 주장이나 과도한 보상 요구에 대해서 더 이상 소극적인 대응이 아니라 적극적으로 고소 또는 고발과 같은 법적인 대응을 통해 블랙컨슈머를 줄이려는 추세로 전환하고 있습니다. 하지만 중소기업이나 영세업체의 경우, 브랜드 인지도가 열악하고 무엇보다 블랙컨슈머의 댓글 하나로 인해 기업이

도산하는 경우도 있어 이러한 일부 고객에 의한 악성 행동에 취약한 면을 보이고 있습니다. 게다가 대기업처럼 전문 변호인이나 법률 자문팀이 없어 블랙컨슈머의 공격에 취약할 수밖에 없는 상황입니다.

그러나 이렇게 소극적인 대응으로 일관하기보다는 블랙컨슈머의 명확한 억지 주장이나 협박 등과 같은 사안에 대해서는 적극적인 법적 대응을 고려해 보는 것이 바람직합니다. 비용과 시간에 따른 부담이 있을 수는 있으나 이러한 조치에 따른 블랙컨슈머의 악성 행위 감소 추이는 상당히 고무적이기 때문입니다.

다산 콜센터의 경우, 2012년 이후 악성 민원인에 대해서 강력 대응 방침을 발표한 이후 폭언 및 욕설과 성희롱을 한 민원인을 대상으로 2013년 3월에 총 7명, 2014년에 총 6명을 집단 고소하는 등 법적 대응을 통해 벌금형을 선고받게 하였습니다. 이러한 악성 민원에 대한 적극적인 고발 및 고소 등의 법적 조치를 취함으로써 악성 민원인에 의한 민원 건수가 현저히 줄어들고 있는데, 2014년 6월 120다산 콜센터에 걸려온 악성 전화는 일 평균 6건으로 강경대책 이전 하루 평균 31건에 비해 무려 81%나 감소하는 효과를 누리고 있다고 합니다. 또한 2019년부터 2022년까지 8회에 걸쳐 고발한 31명의 악성 민원인 중 13명은 벌금형 이상의 처벌을 받았고, 16명이 수사 및 재판이 진행 중인 것으로 나타났습니다.

이렇게 블랙컨슈머에 대해 전화를 끊을 권리(Ending policy)를 시행하거나 상습적으로 고객응대 근로자를 괴롭히는 악성 민원인에 대해서 법적으로 대응하는 일련의 사례들은 시사하는 바가 큽니다.

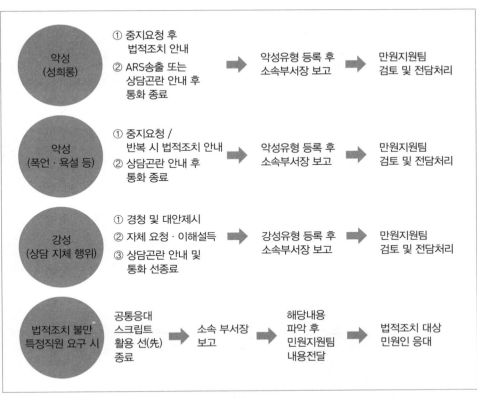

다산 콜센터 악성 민원 발생 시 단계별 조치 방법 사례   [출처 : 서울시 제공]

　위 그림은 다산콜센터가 악성 또는 강성 민원에 대응하는 단계별 조치 사항을 설명한 것입니다. 먼저 악성 또는 강성 민원 단계는 총 3 단계로 구성되는데, 성희롱이나 폭언, 욕설 등의 전화가 인입되면 상담사는 긴급 종료 버튼을 눌러 경고 문구를 송출하고 해당 민원인과의 통화를 종료할 수 있습니다. 이후 악성 민원인에 대한 사항은 시스템에 등록되고, 이렇게 악성민원시스템에 등록된 후 해당 민원인은 특별 관리를 받게 되며, 전화를 할 경우 법적 조치에 대한 ARS 경고 멘트가 송출됩니다. 민원지원팀은 악성민원으로 등록된 내용을 검토하고 필요에 따라 관리 대상으로 지정하고 전담 직원들이 응대하도록 하였습니다. 상담 시 안내된 법적 조치 경고에도 불구하고 지속적으로 악성 민원을 제기할 경우, 언어폭력의 강도가 심하거나 반복된다면 민원지원팀에서는 위법성 여부를 검토하고 고소 등의 법적 대응을 취하는 절차를 거치고 있습니다.

또한 LH주거복지정보에서는 고객이 욕설을 할 경우 1차에서는 7일 차단, 2차 차단부터 즉시 15일 단선제를 시행하고 있으며 성희롱의 경우 1차의 경우 7일, 2차 차단부터는 30일 단선제를 적용하여 운영하고 있습니다.

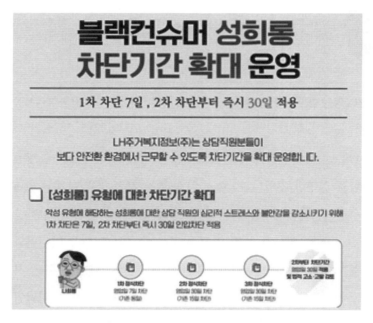

성희롱에 대한 전화 인입 차단 운영 사례　　　[출처 : LH주거복지정보㈜]

대기업의 사례도 있는데, SK텔레콤의 경우 1년간 1만 번 이상 콜센터에 전화를 해 상습적으로 욕설은 물론 성희롱을 일삼은 남성을 신고하였으며 검찰은 해당 남성을 기소한 결과 징역 1년 6개월, 성폭력 치료 프로그램 80시간을 이수하라는 명령을 받아 냈습니다. 해당 남성은 1년간 1만 번 이상 전화를 해서 부당한 서비스를 요구하며 주기적으로 욕설은 물론 성희롱을 하였고, 이로 인해 수십 명의 상담원이 고통을 받았는데 결국 통신매체를 이용한 음란죄와 업무방해 혐의로 기소되어 실형을 선고받게 된 것입니다.

　이외에도 국내 카드회사의 경우, 비정상 카드 거래를 통해 부당 이득을 취한 고객을 상대로 결제 내역은 물론 가맹점의 협조를 얻어 사실을 확인하고 해당 회사에 대한 명예훼손과 부당이득 반환 및 대외 허위사실을 제출하는 등 민형사상 법적 절차를 진행하겠다는 내용증명 발송을 통해 해당 블랙컨슈머로부터 사과를 받아 내고 부당으로 취득한 이득을 회수한 사례도 있습니다.

　국내 보험사의 경우, 블랙컨슈머가 직원에게 168회 전화를 걸어 업무와 무관한 음담패설을 하여 직원 100명이 피해를 입은 사례가 있습니다. 이에 해당 고객을 대상으로 고소를 진행했고, 결국 형법 제314조 업무방해 및 성폭력 범죄의 처벌 등에 관한 특례법 제12조에 따라 징역 8개월 및 성폭력 치료 40시간 이수를 선고받게 되었습니다.

　이렇게 공공기관이나 대기업을 중심으로 블랙컨슈머의 협박이나 폭언 또는 성희롱에 대해서는 단계별로 조치를 취하는 경우가 많습니다. 위의 사례와 유사하게 전화를 통한 경고와 더불어 사안별로 내용증명 발송, 그리고 최종적으로 고소 또는 고발을 하는 등의 법적 대응을 취하고 있는 것이 사실입니다.

　법적 대응이 무조건 최고의 대응이 아니라는 점은 몇 차례 설명을 드렸습니다만, 사안이 명확하고 향후에도 지속적인 피해나 유사 사례가 빈번히 발생할 가능성이 있은 것에 대해서는 단호하게 법적인 조치가 필요하다고 생각합니다. 대부분 유야무야 넘어가게 되면 이를 빌미로 악용하는 사례가 지속적으로 증가할 수밖에 없다는 것을 이미 모두 알고 있기 때문입니다.

　단순히 소극적인 대응으로는 블랙컨슈머의 도 넘는 행위를 막을 수 없습니다. 위에서 언급한 것처럼 블랙컨슈머 대응 체계를 갖추고 빌미를 제공하지 않도록 규정과 절차를 마련하는 것은 물론 사안이 명백하거나 향후 기업이나 조직에 미칠 영향이 클 경우 법적인 조치를 통해 위험 관리는 물론 선제적으로 유사한 민원을 예방하는 효과를 기대할 수 있습니다.

사전에 고객의 동의 없이
녹음하면 불법일까?

먼저 아래 상황을 한 번 보실까요? 아래는 여러분의 이해를 돕고자 우리가 현장에서 흔히 겪을 수 있는 상황을 나름대로 각색해서 만들어 낸 가상의 이야기입니다. 가상이라고 했습니다만, 실제로 우리 주변에서 많이 벌어지는 일이기도 합니다.

[상황 1]

직원 A씨는 지난달에 자신이 근무하는 백화점에서 옷을 구입하고 난 뒤 찾아와 무작정 환불해 달라고 억지를 부리는 고객 때문에 힘듭니다. 7일이 지났기 때문에 교환 및 환불이 어렵다고 했지만 막무가내였다. 차근차근 친절하게 교환 및 환불이 어렵다고 설명하고 있는 도중에 해당 고객은 A씨에게 소리를 고래고래 지르고 욕설은 물론 폭행하려고 위협까지 했습니다. 갑작스런 상황에 매장직원은 어쩔 줄 몰라 하고 있습니다. 이때 근처에 있던 직원이 이를 몰래 핸드폰으로 녹음했습니다. 블랙컨슈머로 추정되는 사람에게 먼저 동의를 구하지 않고 말이지요.

[상황 2]

고객 B씨는 자신의 스마트폰에 들어 있는 전화번호를 스스로 삭제하고 난 뒤 일부러 자신의 전화번호가 없어졌다고 억지 주장을 하며 자신의 번호를 어떻게든 살려 내라고 요구하였습니다. 그뿐만 아니라 자신이 지금까지 통화한 내역을 이메일로 보내라고 요구하거나 본인이 직접 핸드폰으로 녹음한 내용을 바탕으로 해서 대외적으로 이슈화시키겠다고 주장하고 있습니다. 이에 덧붙여 본인의 동의도 없이 녹취하는 것은 불법이라고 주장하면서 자신과의 통화 내역을 이메일로 보낸 뒤 지금까지 본인과의 통화 내역을 전부 삭제하라고 요청하였습니다.

아마 현장에 계신 분들이 가장 궁금해하고 논란이 많은 것이 "상대방의 동의 없이 녹취하는 것은 불법인가?"라는 점과 "상대방의 동의 없는 녹취 자료는 증거 자료로 활용될 수 있는가?"에 관한 것이리라 생각합니다. 또한 [상황 2]에서 보시는 바와 같이 지금까지 통화한 내역을 보내라는 요구와 본의의 동의 없이 녹취하는 것은 불법이니 통화 내역 전부를 삭제하라고 하는 요청도 심심치 않게 발생하는 문제라고 할 수 있습니다.

먼저 상대방의 동의가 없는 녹취는 개인 사생활 침해는 물론 남용될 경우 심각한 문제가 발생할 우려가 있다는 시각이 있는 반면, 효과적이고 합법적인 자기방어 수단이라는 반론도 만만치 않습니다. 이와 관련하여 가장 문제가 되는 핵심 사항은 위에서도 언급한 바와 같이 과연 "녹취라는 행위가 합법적인 것인가?"라는 것과 "증거 자료로 활용이 가능한 것인가?"라는 것입니다.

먼저 국내법에서 정하고 있는 통신비밀보호법에 대해서 알아볼까요?

통신비밀보호법 관련 법조항 및 내용

법조항	내용
통신비밀보호법	■ 제3조(통신 및 대화비밀의 보호) ① 누구든지 이 법과 형사소송법 또는 군사법원법의 규정에 의하지 아니하고는 우편물의 검열·전기통신의 감청 또는 통신사실 확인 자료의 제공을 하거나 공개되지 아니한 타인 간의 대화를 녹음 또는 청취하지 못한다. ■ 제4조(불법검열에 의한 우편물 내용과 불법감청에 의한 전기통신내용의 증거사용 금지) 제3조의 규정에 위반하여, 불법검열에 의하여 취득한 우편물이나 그 내용 및 불법감청에 의하여 지득 또는 채록된 전기통신의 내용은 재판 또는 징계 절차에서 증거로 사용할 수 없다. ■ 제14조(타인의 대화비밀 침해금지) ① 누구든지 공개되지 아니한 타인 간의 대화를 녹음하거나 전자장치 또는 기계적 수단을 이용하여 청취할 수 없다. ■ 제16조(벌칙) 다음 각호의 1에 해당하는 자는 1년 이상 10년 이하의 징역과 5년 이하의 자격정지에 처한다. 1. 제3조의 규정에 위반하여 우편물의 검열 또는 전기통신의 감청을 하거나 공개되지 아니한 타인 간의 대화를 녹음 또는 청취한 자 2. 제1호의 규정에 의하여 지득한 통신 또는 대화 내용을 공개하거나 누설한 자 3. 상대방의 동의 없는 녹취 기록의 위법 여부

통신비밀보호법 제14조 1항에서 보시다시피 '누구든지 공개되지 아니한 타인간 의 대화를 녹음하거나 전자장치 또는 기계적 수단을 이용하여 청취할 수 없다.'라고 규정하고 있습니다. 다만 통신비밀보호법에서 금지하고 있는 것은 결국 공개되지 아니한 타인 간의 대화를 녹음하거나 청취하지 말라는 것이므로 공개된 타인 간의 대화나 공개

된 당사자 간의 대화 또는 공개되지 아니한 당사자 간의 대화를 녹음 및 청취한 것은 법 위반이 아닙니다.

따라서 결론부터 말씀드리자면, 핸드폰을 통한 통화 내용 녹취 자료는 민사소송이나 형사소송에서 증거 자료로 활용될 수 있으며 심지어 상대방의 동의가 없다고 하더라도 핸드폰으로 통화하는 도중에 녹음을 하는 행위는 통신비밀보호법을 위반한 것이 아니라고 할 수 있습니다. 다만 [상황 1]에서와 같이 근처에 있던 직원이 고객 몰래 통화 내용을 녹음하거나 촬영하는 경우 위법에 해당합니다. 정확히 말씀드리자면, 대화에 원래부터 참여하지 않은 제3자가 그 대화를 하는 타인 간의 대화를 녹음 또는 청취해서는 안 되며 이러한 행위는 명백한 불법입니다.

그러나 예외적인 사례도 있습니다. [상황 1]에서와 같이 고객이 고래고래 소리를 질러 누구나 소리를 들을 수 있는 가청 거리 이내에서 이루어진 대화라고 하면 동료 직원이 몰래 녹음한 행위는 불법이 아니라는 판례가 이미 있습니다. 불특정 또는 다수인이 인식할 수 있는 상태에서 공연히 이뤄진 대화는 '공개되지 않은 타인 간의 대화'로 볼 수 없다는 것이 법원의 판단입니다.

또한 이러한 상황에 있다면 몰래 녹음하기보다는 녹음기나 기타 녹음할 수 있는 기기를 켜고 해당 대화에 참여하면 대화 당사자가 되기 때문에 통신비밀보호법을 위반하지 않게 됩니다. 대화에 참여하지도 않은 상태에서 몰래 녹음하는 것은 이와 관련하여 녹음한 파일을 녹음한 당사자인 고객이 아니라 타인에게 전달하는 것은 문제가 될 수 있습니다만, 증거 자료로는 충분하다고 전문가들은 말합니다.

[상황 2]에 대해서 얘기해 볼까요? 먼저 콜센터에 녹음된 음성 또한 개인정보이므로 정보의 주체가 되는 고객이 녹음파일을 요구할 경우, 정보통신망 이용촉진 및 정보보호 등에 관한 법률의 '이용자의 권리' 조항과 개인정보보호법 제35조 '개인정보의 열람' 조항에 따라 열람을 요구할 수 있습니다.

개인정보열람권 관련 법조항

법조항	내용
정보통신망 이용촉진 및 정보보호 등에 관한 법률	■ 제30조(이용자의 권리) ① 이용자는 정보통신서비스제공자 등에 대하여 자신의 개인정보에 대한 열람 또는 개인정보를 이용하거나 제3자에게 제공한 내역을 요구할 수 있고, 자신의 개인정보에 오류가 있는 경우에는 그 정정을 요구할 수 있다.
개인정보 보호법	■ 제35조(개인정보의 열람) ① 정보주체는 개인정보처리자가 처리하는 자신의 개인정보에 대한 열람을 해당 개인정보처리자에게 요구할 수 있다. ② 개인정보처리자는 제1항 및 제2항에 따른 열람을 요구받았을 때에는 대통령령으로 정하는 기간 내에 정보주체가 해당 개인정보를 열람할 수 있도록 하여야 한다. 이 경우 해당 기간 내에 열람할 수 없는 정당한 사유가 있을 때에는 정보주체에게 그 사유를 알리고 열람을 연기할 수 있으며, 그 사유가 소멸하면 지체 없이 열람하게 하여야 한다.

　　즉, 자신과의 통화 내역을 이메일로 보내라는 고객의 요구에 대해서는 통화 당사자가 확실하다면 해당 파일이나 내용을 발송하지 말아야 할 어떤 법률적 근거도 없습니다. 기업 입장에서 보면 녹음된 파일은 중요한 회사의 거래 정보이며 자산이라고 할 수 있기 때문에 고객에게 반드시 제공해야 하는 의무 또한 없습니다만, 개인정보보호

법에서는 개인정보열람권을 규정하고 있기 때문에 제한적인 형태로 제공하는 것이 일반적입니다.

정보의 주체가 되는 고객이 요구할 경우 정보열람권을 침해할 수 있으므로 통화 도중 녹음된 내용을 스피커를 통해 들려주기도 하고, 일부 업체의 경우 본인 명의의 메일로 파일 형태로 제공하기도 하며, 사안에 따라 직접 방문을 통해 녹음 내용을 제공하기도 합니다. 아래 내용은 국내 주요 기업들이 개인정보 보유 기간 및 공개 방법에 대한 내용을 정리한 기사를 인용한 것인데, 참고하시기 바랍니다.

국내 주요 회사 녹취록 보유 기간 및 공개 여부

업종	회사명	보유기간	공개여부	공개방법
통신사	A사	40일~영구		고객센터, 대리점(청취)
	B사	5년		플라자, 대리점(청취)
	C사	3년		직영점(청취)
유무선사업	S사	5년		고객센터
	C사	비공개		고객센터
카드사	A사	영구	가능	고객센터
	B사	5년		고객센터
	C사	비공개		고객센터
	D사	영구		고객센터
	E사	5년		고객센터
	F사	최장 5년		고객센터
	G사	5년		고객센터

생명보험사	A사	5년 + 영구	지점, 플라자
	B사	5년 + 영구	지점, 플라자
	C사	10년	지점, 플라자
손해보험사	A사	5년	고객센터 및 방문
	B사	영구	고객센터(이메일로 파일 제공)
	C사	5년 이상	고객센터
	D사	5년 이상	지점, 플라자

[출처 : 소비자가 만드는 신문(2016)]

위의 표에서 보시는 바와 같이 대부분의 기업들이 정보를 공개하는 것으로 나타나지만, 직접 녹음파일을 메일로 보내 주는 경우는 매우 드물지요? 그러나 통화 도중 녹음 내용을 고객이 재녹음할 경우, 이를 제재할 방법은 없습니다. 따라서 기업은 피해를 최소화할 수 있는 공개 방법을 통해 녹취록을 제공할 수 있는 방안을 고려해야 할 것 같습니다.

또 위에서 고객이 자신의 동의도 없이 녹취하는 것은 불법이라고 주장하며 자신의 통화 내역을 전부 삭제하라고 요청한 것과 관련하여 통신비밀보호법 제14조 1항은 '누구든지 공개되지 아니한 타인 간의 대화를 녹음하거나 전자장치 또는 기계적 수단을 이용하여 청취할 수 없다'고 규정합니다. 그러나 여기서 한 가지 주목해야 할 것은 '타인 간의 대화'를 무단으로 녹음할 경우 법을 위반한 것이 되지만, 대화당사자가 녹음을 하는 것은 법 위반이 아니라는 사실입니다.

통신비밀보호법은 헌법상 보장된 통신의 자유와 그 비밀을 침해하는 것을 규제하기 위해 제정된 법률입니다. 따라서 제3자가 타인 간의 대화 내용을 녹음하거나 몰래 청취하는 행위는 규제하지만, 당사자가 타인과의 대화를 녹음하는 것은 규제하고 있지 않습니다. 따라서 콜센터에서 이루어지는 통화 내용을 녹음하는 것은 법을 위반하는 행위가 아닙니다.

그뿐만 아니라 개인정보보호법상에도 ARS와 같은 녹음 안내 멘트에 대한 규정은 별도로 없어 녹음 안내 멘트가 없다고 하더라도 특별한 문제는 없습니다. 다만 향후 녹음과 관련된 문제를 예방하기 위해 응대 전에 자동음성안내로 통화 내용이 녹음된다고 안내하는 것이 좋을 것 같습니다.

현장에서 녹음 및
녹화 방법과 주의사항

현장에서 녹음이나 녹화는 몇 차례 말씀드렸다시피 향후 중요한 증거로 활용될 뿐 아니라 침소봉대하기 좋아하는 블랙컨슈머의 유리한 주장을 미연에 방지할 수 있습니다. 또한 민형사상 고소·고발 시 범죄를 입증하는 데 중요한 증거가 될 뿐 아니라, 블랙컨슈머의 협박을 방지하고 위압효과를 통해 과도한 행동이나 말을 억제하는 데 큰 효과를 발휘하기도 합니다. 나중에 이러한 녹음이나 녹화 자료는 내부 교육 교재로 활용하거나 공유를 통해 동일한 사안이 발생했을 때 참고 자료로 활용할 수 있습니다.

먼저 녹음의 경우, 콜센터는 물론 일반 대면 현장에서 블랙컨슈머나 고객 클레임 관련 전화를 녹음하는 것은 가능합니다. 중요한 것은 고객의 욕설이나 폭언과 같은 부당한 행위를 하지 않도록 하기 위함이므로 사전에 콜센터의 경우 ARS를 통해 고지하거나 고객을 대면하는 현장에서도 미리 상담 내용이 녹음될 수 있음을 안내하는 것이 바람직합니다.

예를 들어, 직원들이 근무하는 곳에 별도의 안내문을 부착해 놓는 것도 좋으며 정기적으로 안내 방송을 통해 직원들에 대한 금지 행위와 함께 녹음될 수 있음을 안내하는 것이 효과를 발휘할 수 있습니다. 특히 업종에 따라 계절별 요인이나 이벤트별 요인에 의해 발생하는 불만에 따른 클레임이 많은 시기에 해당 내용을 적극적으로 알리는 것도 좋습니다.

고객의 근무지나 거주지에 직접 방문하는 경우에는 스마트폰이나 휴대용 녹음기를 활용해서 녹음하는 것도 한 가지 방법입니다.

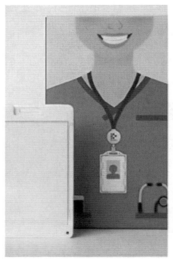

신분증 형태의 녹음기

[사진제공 : 주식회사 뮨]

최근에는 신분증 형태의 녹음기가 출시되어 많은 곳에서 활용되고 있는데, 이를 활용해 보는 것도 좋습니다. 해당 제품은 사원증처럼 패용할 수 있으며 제품에 녹음기가 내장되어 있어 언제 어디서든 쉽게 녹음할 수 있습니다. 기존에 나왔던 사이렌 기능과 위치 제공 및 최대 5명까지 번호를 지정하여 위급 메시지를 전송하는 기능을 가진 제품의 경우 녹음 시간이 최대 20초에 불과한 반면, 신분증 형태의 녹음기는 1회 최대 6시간이 녹음 가능하고 녹음 저장 시간은 무려 550시간에 이르는 등 다양한 이점을 제공합니다.

최근에는 이와 같은 이점 때문에 기업이나 공공기관에서 신분증 형태의 녹음기를 지급하는 사례가 늘고 있습니다. 현장에서 폭행 또는 폭언을 당할 경우 쉽게 증거 확보가 가능하고 상황에 따라 법적 조치를 할 때 실질적인 도움을 줄 수 있기 때문입니다.

위에서 설명한 신분증 형태의 녹음기가 없을 경우에는 스마트폰 홈 화면에 녹음기 어플을 꺼내 놓고 급하게 녹음할 일이 발생했을 때 터치 한 번으로 녹음되도록 하는 것도 한 가지 방법입니다. 그러나 문제는 홈 화면에 꺼내 놓더라도 녹음이 늦어 핵심이 되는 대화 내용을 놓쳐 버리는 경우가 발생할 수 있다는 점입니다. 아시다시피 '화면 실행 → 잠금 화면 해제 → 녹음 어플 실행 → 해당 버튼 클릭'하는 데까지 소요되는 시간이 만만치 않습니다. 따라서 이렇게 복잡하고 시간이 많이 소요되는 과정을 거치는 것보다는 잠금 화면 녹음 위젯을 설정하고 이용하는 것이 바람직합니다.

잠금 화면 녹음 위젯 설정의 경우 스마트폰 제조사마다 다르므로 확인이 필요합니다만, 필자는 국내 제품을 활용하여 간단히 설명드리도록 하겠습니다. 먼저 잠금 화면에서 시계 화면을 누르면 위젯이 나타나는데 하단에 있는 상세 설정을 누릅니다. 상세 설정을 누르면

'잠금 화면에서 시계를 눌렀을 때 보고 싶은 정보를 선택하세요'라는 메시지가 뜹니다. 위젯 설정에서 음성 녹음을 활성화하면 잠금 화면 위젯을 통해 녹음이 가능한데, 순서 변경 편집에서 음성 녹음 버튼을 길게 누르면 맨 위로 옮길 수 있습니다. 이렇게 설정을 해 놓고 잠금 화면에서 시계를 터치하면 음성 녹음 위젯이 맨 위에 위치해 있는 것을 확인하실 수 있습니다.

① 잠금화면에서 시계 터치   ② 맨 아래 상세설정 터치   ③ 위젯 설정 ▶ 음성 녹음 활성화   ④ 설정 후 상단 음성 녹음 위젯 확인

스마트폰 잠금화면 음성 녹음 위젯 설정방법

지금까지 현장에서의 녹음에 대해서 알아보았다면, 이번에는 녹화에 대해서 알아보도록 하겠습니다. 녹화하면 제일 먼저 떠오르는 것이 CCTV(영상정보처리기기)일 겁니다. 보통 CCTV는 시설 안전이나 범죄 및 화재를 예방할 목적으로 공개된 장소에 설치가 가능합니다. 다만 개인의 사생활 침해가 우려되는 장소(화장실, 탈의실 등)에는 설치가 금지되어 있습니다.

또한 개인정보보호법에서는 설치 목적과는 다른 목적으로 CCTV

를 임의로 조작하거나 다른 곳을 비춰서는 안 되며, 녹음 기능은 사용하지 말아야 한다고 규정해 놓고 있습니다. 또한 촬영 범위 내에서 고객(정보 주체)이 쉽게 인식할 수 있도록 안내판을 설치해야 한다고 규정하고 있는데, 이때 기재 사항은 설치 목적은 물론 장소, 촬영 범위와 시간, 관리책임자의 성명과 연락처를 포함합니다. 예를 들어, CCTV에 대한 설치 안내에 들어갈 내용은 아래 예시를 참고하시기 바랍니다.

[예시]

구분	내용
목적	범죄 예방 및 시설 안전
촬영범위	건물 로비, 영업 공간 4곳, 엘리베이터, 외곽 3곳
촬영시간	24시간 / 일
책임 담당자	고객보호팀장
연락처	(주간): 02-0000-0000, (야간)02-0000-0000

CCTV 운영 및 관리에 따른 지침을 마련해야 한다고 개인정보보호법 25조에서는 규정하고 있으며, 이를 근거로 하여 각 기업에서는 정보 처리의 제한과 관련하여 '정보주체의 화상정보는 CCTV 설치 목적 외의 용도로 활용되거나 접근 권한을 부여받은 자 이외의 타인에게 열람 · 제공할 수 없다'는 지침을 마련하여 운영하고 있으나, 아래와 같은 경우 예외로 한다고 규정합니다.

1. 정보주체의 동의가 있는 경우

2. 정보주체에게 열람 · 제공되는 경우

3. 다른 법률에 특별한 규정이 있는 경우

4. 신문 · 방송을 통한 언론 보도의 목적을 위하여 필요한 때로서 특정
   개인을 알아볼 수 없는 형태로 제공하는 경우

5. 정보주체의 권익이 침해될 수 있는 위험이 명백하고 현존하는 때로
   서 정보주체의 동의를 얻지 못할 급박한 사유가 존재하는 경우

6. 범죄 수사와 공소 제기 및 유지에 필요한 경우

7. 법원의 재판 업무 수행을 위하여 필요한 경우

녹화 규정과 관련하여 자세한 사항을 알고 싶으시면, 행정자치부에서 마련한 영상정보처리기기 설치 · 운영 가이드라인을 참고하시기 바랍니다.

현장에서 기물 파손이나 소란, 폭력, 위협 및 방화와 같은 일이 발생했을 경우는 CCTV와 함께 여의치 않을 경우 스마트폰의 녹화 기능을 이용하거나 웨어러블 바디캠을 이용하여 녹화를 할 수 있습니다. 앞에서도 설명드렸다시피 동의를 받지 않고 블랙컨슈머의 잘못된 행위를 영상으로 촬영하는 것은 초상권 침해에 대한 위법성이 조각된다는 판례가 있으므로 사안이 긴급한 경우 촬영을 해도 무방하다는 점을 기억하시고 증거 수집을 위해서라도 영상을 통해 증거를 남기는 것이 바람직합니다.

다만 영상을 촬영할 때는 주위에 있는 사람들이 나오지 않도록 주

의하여야 합니다. 위의 상황처럼 실시간으로 가해 행위가 발생할 경우 형사 절차상 증거보전의 필요성이나 긴급성 등이 인정되어 초상권 침해가 문제되지는 않지만, 가해자 말고 주변 다른 사람들이 영상에 나오지 않도록 하는 것이 중요합니다. 따라서 영상 촬영 후 반드시 편집을 통해 주변에 있는 사람들의 경우 모자이크 또는 블러 처리를 함으로써 만약의 사태에 대비하는 것이 바람직합니다.

법적 대응 전에 내용증명으로
블랙컨슈머 압박하기

사실 엄밀히 말하자면, 블랙컨슈머에 대한 법적 대응은 법무팀이나 제3기관의 영역이라고 할 수 있습니다. 일반적인 고객 응대 업무를 수행하고 있는 직원들이 블랙컨슈머에 맞서 법적인 맞대응을 한다는 것은 시간적인 측면이나 감정적인 측면 또는 비용적인 측면에서도 바람직하지 않습니다. 딱 잘라 말하면, 블랙컨슈머에 대한 법적 대응이라는 것은 사실상 일반 직원이 취하기 어려운 영역인 것이지요.

물론 블랙컨슈머에 의한 악성 행동이 명확하게 드러났을 경우에 대해서는 최후 수단으로 법적 조치를 취합니다. 그러나 법적 조치를 하기 전에 주의하여야 할 사항이 있습니다. 일반적으로 법적으로 대응하면 무조건 블랙컨슈머를 제압할 수 있을 것이라 생각하지만, 꼭 그러한 것만은 아니라는 사실입니다. 법적 조치를 하기 전에 유의할 것은 무엇인지에 대해서 알아보겠습니다.

몇 차례 설명하였다시피 아직 국내에서는 기업 · 학계 · 언론 등 여러 분야에서 '블랙컨슈머(Black consumer)'에 대한 정의가 명확하지 않습니다. 따라서 기업 입장에서 보면 범죄행위라고 여겨지는 행위라도 그 경계가 애매모호하여 함부로 고소할 수 없는 상황을 교묘하게 이용하는 블랙컨슈머가 있을 수 있으며, 이로 인해 적극적인 대응이 어려울 수 있습니다. 또한 국내 기업이 블랙컨슈머에 대한 대처 방법으로 민사상 손해배상이나 고소 등의 법적 강제수단에 무게를 두고 있지만, 대부분 법적 개념의 기술이나 위법 여부에 대해서는 많은 부분에서 문제점이 있다고 전문가들은 말합니다.

이와 관련하여 법률적으로 불완전한 정보가 많이 유통되어 있는 경우가 많은데, 예를 들어 콜센터 상담사에게 음란한 말로 모욕을 주는 행위에 대하여 '성희롱'이라 정의하고 형사상 처벌할 수 있다고 분석한 사례도 있으나 이는 정확한 설명이 아닙니다. 법무법인 율촌에 의하면, 흔히 성희롱이라는 것은 국가인권위원회법에 따른 차별행위 구제 대상 또는 민사상 손해배상 청구의 요건에는 해당하지만 형사처벌을 위해서는 추행 또는 구체적인 행위 등 별도의 요건을 충족해야 한다고 합니다.

또한 법적 대응이라는 것이 천편일률적이 아니라는 사실이고, 해석 또한 '사람마다 다를 수 있다'는 점입니다. 이는 악성행위나 행동이라는 것을 규정하기 힘든 것도 있지만 어느 범위까지 악성행위로 보아야 할 것인지에 대해서도 명확하지 않고, 법의 판단이라는 것이 사람이 하는 일이어서 해석 자체가 동일하지 않다는 의미입니다. 따라서 법적 대응 이전에 블랙컨슈머를 예방하기 위한 활동이나 체계적인 대응 방안을 마련한 후, 그래도 해결되지 않을 경우 최후의 수단으로 법적 대응을 고려해야 합니다. 예를 들어, 위에서 설명한 대로 블랙컨슈머에 대응하기 위한 내부 전략을 수립하거나 구체적인 프로세스를 구축함은 물론, 내부 자원에 대한 교육 및 훈련이 선행되어야 합니다.

그뿐만 아니라 서비스 및 제품에 대한 철저한 품질 관리 및 처리 과정의 투명성을 확보하거나 보상 금액의 산정과 보상 기준의 마련은 물론 각 단계별 모니터링 강화 등, 블랙컨슈머가 꼬투리를 잡을 가능성이 있는 사항에 대해서 철저히 대비하는 것이 선행되어야 합니다. 그리고 법적 대응을 위해서는 법무팀이나 사정이 여의치 않을 경우 전문가의 도움을 받아 법률 근거를 검토하여 대응해야 합니다. 이때 '팩트(Fact)'가 명백한 사안에 대해서는 즉각 고발 조치를 하는 것이 바람직합니다. 법적 조치 전 반드시 증거물(녹취 장비를 통한 녹취물, CCTV를 통한 녹화, 목격자, 물리적 증거물 등)을 확보하는 것 또한 중요합니다.

물론 사전에 악성 행동을 예방하기 위한 안내를 하는 것이 당연하지만, 블랙컨슈머의 일반적인 특징상 비이성적이고 비논리적인 행동이 수반되기 때문에 향후 정당한 대응을 위해서는 반드시 증거 자료를 확보해 둘 필요가 있습니다. 따라서 법적 대응 이전에 예방을 위한 다양한 활동을 병행하는 것이 바람직하며, 현장에서 악성 민원이 발생했을 때 원활한 해결이 되지 않을 경우 '악성 행동 관련 공문'을 내용증명(통보서)으로 보낼 수 있습니다.

원래 내용증명이라는 것은 개인 또는 기업 상호 간의 채권이나 채무의 이행 등의 득실 변경에 관한 부분을 문서화하는 것을 의미합니다. 흔히 내용증명이라는 것은 손해배상 청구 또는 계약상의 해지를 통보하는 등의 용도로 많이 사용합니다. 상호 간에 보낸 우편물의 내용인 문서를 등본에 의해 증명하는 제도이며, 우편법 시행규칙 46조에 의하면 어떤 내용을 누가 언제 누구에게 발송하였는지에 대한 사실을 공공기관인 우체국이 공적 입장에서 증명하는 제도입니다.

그렇다면 내용증명이라는 것이 블랙컨슈머를 대응하는 데 있어서 어떤 효과가 있을지 알아보도록 하겠습니다. 먼저 내용증명이라는 것 자체가 특별한 효력을 발휘하는 것은 아니지만, 향후 관련 내용을 가지고 소송을 제기할 때 중요한 정황적 증거가 될 수 있습니다. 대부분 내용증명을 채권이나 채무에 국한하여 생각하는 경우가 많은데, 꼭 그렇게 한정 지어 생각할 필요는 없습니다. 흔히 내용증명이라는 것이 일정한 행위를 상대방에게 요구 또는 독촉하는 최고(催告), 정당한 사실임을 인정하는 승인(承認), 상대방을 신뢰하여 사무처리를 위탁하는 계약인 위임(委任)의 해제 또는 취소 등 당사자간의 분쟁이 발생하였을 때 증거로 소송 및 재판에 도움을 주기 위한 제도라고 할 수 있습니다. 따라서 단순히 채권이나 채무뿐만이 아니라 블랙컨슈머에 대한 불합리한 행위에 대해서도 더 이상 그러한 행위를 하지 말아 달라고 내용증명을 보낼 수 있는 것입니다.

또한 내용증명은 향후 민원이 원활히 해결되지 않거나 악성 행동이 지속적으로 반복될 경우 적법한 절차를 거쳐 소송을 제기할 수 있다는 선전포고 형식이므로 블랙컨슈머에게 심리적인 압박을 가할 수 있는 방법입니다. 보통 일반들은 법(法)이나 규칙 또는 경찰서, 법원 등과 같은 공공기관에 대해서 무의식적으로 겁을 내거나 두려워하는 경향이 있습니다. 아무런 잘못이 없는데 경찰서나 법원을 왔다갔다하는 것을 좋아할 사람들은 없습니다. 따라서 이러한 정보의 비대칭을 활용하거나 또는 공공기관의 권위를 앞세워 블랙컨슈머를 심리적으로 압박하는 것이라고 보시면 됩니다.

통보서

일 시 :
수신자 :
주 소 :

발신자 :   사업자 번호 :
주 소 :

제 목 : 당사 지속적인 방문을 통한 폭언 및 위협 관련 향후 조치에 대한 통보서

1. 귀하는 20xx년 OO월 OO일 ~ OO월 OO일까지 당사에 구체적인 증거나 객관적인 사실이 아닌 내용을 가지고 지속적인 방문과 고압적이고 위협적인 행동을 반복하였습니다.

2. 귀하가 주장하는 내용에 대해 내부 법무팀과 외부 제 3기관에 의뢰하여 검토한 결과 당사의 책임은 인정되지 않음을 다시 한 번 알려드립니다.

3. 향후 동일한 사안에 대해서 방문은 물론 고압적이고 폭력적인 행위 및 사회적 규범이나 통념에서 벗어난 요구를 할 경우 지금까지의 대응 이력이나 각종 기록물(녹취, 녹화, 서면으로 작성된 원본 파일 등)을 근거로 법적 조치를 할 수 있음을 알려드립니다.

4. 향후 귀하의 의견이나 기타 신고의 경우는 구두로 받지 않을 것이며 반드시 객관적인 사실과 구체적인 근거에 의하여 문서로 제출하여 주실 것을 알려드립니다.

이하 생략

20XX. 00. 00

발신자 :   (인)

블랙컨슈머 발송용 내용증명(통보서) 예시

물론 내용증명 발송 이전에 구두로 녹취·녹음을 한다는 사실을 고지하는 것도 좋지만, 이와 함께 내용증명을 병행하는 것이 효과적입니다. 이렇게 내용증명을 보내고 나면 구체적인 날짜와 함께 해당 고객이 받았다는 사실 자체가 입증되므로 추후에 소송할 때 유리한 증거가 될 수 있습니다. 블랙컨슈머의 구체적인 행위와 함께 악성 민원에 대해서 중지해 줄 것을 요청했다는 사실을 내용증명을 통해 정황적 증거를 확보하는 것입니다. 만약 블랙컨슈머가 내용증명에 대한 별다른 반응을 보이지 않거나 대응을 하지 않을 경우, 소송 시 '왜 아무런 응답이나 대응을 하지 않았는지'에 대한 의문을 갖게 함과 동시에 소송에서 유리하게 작용됩니다.

　아무리 전화하고 방문해서 얘기를 해도 막무가내일 경우, 내용증명과 같은 제도를 활용하는 것이 대응적인 측면에서 효과가 크다고 할 수 있습니다. 뒤에 가서 설명하겠지만, 필자의 경우도 현업에서 이와 같은 방법을 통해 적지 않은 효과를 거둔 경험이 있습니다. 심리적인 압박은 물론 소송으로 갔을 경우 중요한 정황적 증거가 될 수 있는 내용증명제도를 적절히 활용해 보시기 바랍니다.

블랙컨슈머를 효과적으로 압박하는 내용증명 작성법

보통 블랙컨슈머에게 내용증명을 보내면 40~50% 정도는 해당 행위를 멈춥니다. 의외로 효과가 큼에도 불구하고 강의를 통해 현장에 있는 분들과 얘기를 나누다 보면 내용증명의 활용에 대해서 모르시거나 잘못 알고 있는 분들도 많습니다. 아예 한 번도 보내 본 적이 없다고 말하는 분들도 계시고, 괜히 보냈다가 일을 크게 만들까 봐 걱정이 되어서 주저하게 된다는 분들도 계시는가 하면 보내도 별 효과가 없다고 하시는 분들도 계시더라고요.

제가 강의를 나간 한 기업체에서는 블랙컨슈머에게 몇 차례 내용증명을 보냈는데 효과가 없다고 하더군요. 그래서 내용증명에 어떤 내용을 적어서 전달했는지, 그리고 어떠한 후속 조치를 취했는지 여쭈어 보았습니다. 그런데 대부분 '해당 행위를 하지 말아 주십사~'라는 내용이 대부분이었고, 해당 블랙컨슈머를 압박하기 위한 향후 조치나 내용이 누락되어 있더군요. 또한 담당자들이 내용증명을 보냈을 때, 대부분 블랙컨슈머들이 자신은 그러한 내용증명을 '받은 적이 없다'고 오리발을 내미는 경우도 허다했다고 합니다.

물론 블랙컨슈머에게 내용증명을 보낸다고 해서 모든 대상자들이 겁먹는 것은 아닙니다. 그중에는 오히려 역으로 내용증명을 보내는 사람들도 있고, 되려 직원들에게 협박을 하는 경우도 더러 있습니다. 그렇다면 위 회사에서는 어떤 것들이 개선되어야 할까요? 먼저 아래 설명하고 있는 것은 내용증명을 작성하고 발송하는 방법입니다.

내용증명을 작성하는 방법

내용증명 작성방법	■ A4용지를 사용하며 3부를 작성하여 우체국에 원본 1통과 등본(사본) 2통 제출 ■ 회사 보관용 1부 / 블랙컨슈머 발송용 1부 / 접수 우체국 보관용 1부 ■ 우체국에서는 발송한 이후 3년간 보관 ■ 3부를 작성하되 6하 원칙에 의거하여 작성 ■ 내용증명을 작성하는 용지 상단과 하단에 발신인과 수신인의 주소/성명 기재 ■ 반드시 발송내용이 구체적이어야 하고 신중하게 작성해야 함 ■ 내용증명을 발송하는 이유와 현황, 미래에 발생할 수 있는 피해에 대해 구체적으로 작성함 ■ 원본 및 등본 일치 여부 확인 후 발송일자 및 내용증명으로 발송한다는 내용으로 우체국명을 기재 후 소인을 찍어 발송 ■ 내용 정정, 삽입, 삭제 등 수정할 경우 인장 또는 지장 활용(수정액 사용 불가) ■ 발신인, 수취인의 이름과 주소는 우편물과 봉투에 기재하는 것과 동일해야 함

위의 내용에서 정리한 대로 6하 원칙에 의거해서 블랙컨슈머가 저지르고 있는 행위에서 구체적인 내용을 적어서 보내야 합니다. 두루뭉술하게 표현하는 것이 아니라 구체적인 내용을 서술해야 합니다.

그동안 고객과 통화한 내역이나 접촉했을 때 기록해 두었던 내용 그리고 블랙컨슈머가 주장하고 있는 내용들을 바탕으로 내용증명을 작성해야 하지요. 구체적인 증거나 객관적인 사실을 바탕으로 작성해야 설득력을 얻을 수 있으며, 추후에 이러한 내용을 바탕으로 소송을 제기할 경우 정황적 증거로 활용될 수 있습니다. 그리고 중요한 것은 내용증명을 발송하는 것은 결국 회사의 공식적인 문서이기도 하기 때문에 사전에 법무팀이나 제3기관에 의뢰하여 해당 내용에 대해서 반드시 검토를 거쳐야 한다는 것입니다. 왜냐하면 공식적인 문서 형태로 나가는 내용이므로 잘못될 경우 고약한 블랙컨슈머에게 역공을 당할 수 있는 빌미를 제공할 수도 있기 때문이지요.

내용증명이라는 것이 심리적인 압박과 함께 향후 재발 방지를 목적으로 하기 때문에 발생하고 있는 행위에 대한 구체적인 명시와 함께 재발 행위에 대한 향후 조치를 좀 더 명확히 할 필요가 있습니다. 예를 들어, 동일한 일이 반복될 경우 모든 증거물을 근거로 향후 법적 조치 가능성을 언급하는 것입니다. 전문 부서나 제3기관에 의뢰하여 법리적인 분석을 통해 향후 해당 행위가 어떤 법을 위반한 사항이고 어떤 형사적인 조치 또는 민사적인 조치를 받을 수 있는지를 구체적으로 밝히는 것이 좋습니다.

위에서도 말씀드린 바와 같이, 구체적인 사실과 향후 조치 및 계획을 내용증명을 통해 보내게 되면 블랙컨슈머 입장에서는 심리적인 압박을 느낄 수밖에 없습니다. 블랙컨슈머가 저지르고 있는 행위에 대해서 향후 받을 수 있는 불이익이나 처벌 또는 조치 등이 명확하면 명확할수록 이들에 대한 제압 효과가 뛰어납니다.

그렇다면 구체적으로 내용증명에 어떤 내용이 포함되어야 심리적인 압박을 줄 수 있을까요? 아래 내용을 참고하시기 바랍니다.

- 객관적인 사실에 근거한 블랙컨슈머의 행위
- 블랙컨슈머가 주장하는 내용에 대한 회사의 구체적인 입장
- 향후 구체적인 조치(불이익 및 구체적인 범죄 행위 적시)
- 향후 적법한 절차를 거친 소송 가능성 제기
- 회사의 구체적인 요구사항
  - 해당 행위에 대한 중지 요청
  - 회사의 잘못을 입증할 수 있는 구체적인 증거 제시
  - 손해액을 요구할 경우 구체적인 액수와 함께 근거 제시 등

그리고 내용증명을 보냈음에도 불구하고 안 받았다고 발뺌하는 사람들이 의외로 많습니다. 이러한 사람들은 어떻게 조치를 해야 할까요? 아무리 먼저 보낸 내용증명을 증거로 내밀어도 콧방귀를 뀌며 오리발을 내미는 이들은 위해 '발송 후 배달증명'을 함께 보내는 것을 추천해 드립니다. 배달증명제도는 등기우편물의 배달 일자 및 받는 사람을 배달우체국에서 증명하여 보낸 사람에게 알려 주는 우편서비스입니다. 중요한 우편물인데 누가 언제 수령했는지 확실하게 증명을 받고 싶을 때 이용하는 요긴한 서비스입니다.

배달 증명은 비용도 저렴하지만 해당 내용증명(문서)가 송부된 이후 1년 이내에는 언제든지 확인이 가능하다는 이점이 있으며, 배달

증명에 대한 문서 진위 여부는 우체국이 제공하는 증명서 위변조 방지를 위한 문서검증프로그램을 활용하면 됩니다. 아래는 필자가 저작권 소송을 하기 전 피고인들에게 보낸 우편물 배달증명서 샘플이니 참고 바랍니다.

우편물배달증명서

수취인의 주거 및 성명

06211
서울특별시 강남구 OO길 OO

OOO 귀하

유의사항 : 우체국에서 보관 중에 있는 우편물을 교부요청하거나, 일괄배달처에서 대리수령 후 수취인이 수취 거절한 경우 등은 배달결과가 변경될 수 있습니다.

접수국명	서울 OO 우체국	접수년월일	2024년 07월 29일
등기번호	123412341234	배달년월일	2024년 08월 01일
적요	관계 본인 수령인 서명 OOO 수령	서울강남 2022. 08. 02 1009793 우체국	
상세 배달내역	2022년 08월 01일 09:27에 배달완료 - -		

배달증명서 예시

배달증명에는 두 가지 종류가 있습니다. 등기우편물을 발송할 때 청구하는 '발송 시 배당증명'과 우편물을 발송한 후에 필요에 의해서 청구하는 '발송 후 배달증명'으로 구분하는데, 블랙컨슈머에게 내용증명을 보낼 때는 법적으로 민감한 사안이거나 향후 법적 분쟁으로 번질 것 같은 중요한 사안들이라면 만일에 대비해서 발송 시 배달증명까지 함께 보내는 것이 바람직합니다.

지금까지 내용증명과 배달증명에 대해 알아봤습니다. 법적인 분쟁의 경우 관여하기 어렵고 여러 가지 리스크가 있을 수 있으며, 비교적 간단한 내용증명과 배달증명을 통해 블랙컨슈머를 압박할 수 있는 방법이 있다는 것을 잊지 않으셨으면 합니다. '아는 만큼 행하게 된다'는 말 아시지요? 꼭 활용해 보시기 바랍니다.

블랙컨슈머
법적으로 대응하기

　현장에서 블랙컨슈머를 대응하는 방법 중에 번거롭고 힘들기는 하지만 그래도 가장 효과적이라고 할 수 있는 것이 법적 대응이라고 할 수 있습니다. 객관적인 사실에 근거하여 민사 또는 형사상의 대응을 통해 블랙컨슈머에게 재산상의 압박 또는 고소 · 고발을 통해 제재를 받을 수 있게 하기 때문입니다. 이번에는 블랙컨슈머에 대한 법적 조치를 하기 전에 현장에서 제대로 대응할 수 있는 요령과 실제 민형사상의 대응에 대해서 알아보도록 하겠습니다.

　신속하고 일관성 있는 대처가 중요합니다. 여기서 중요한 것은 신속한 대응이지, 신속한 해결이 아니라는 점을 인식하셔야 합니다. 신속한 해결과 신속한 대응은 큰 차이가 있습니다. 이에 대해서는 뒤에서 별도로 설명을 드리도록 하겠습니다. 우리가 현장에서 신속히 대응해야 하는 이유는 초기 대응이 문제 해결의 70% 이상을 해결하기도 하고, 이를 통해 피해를 최소화할 수 있으며, 사건 발생 시 즉각적으로 증거나 정황을 포착할 경우 시시비비를 정확히 가릴 수 있기 때문입니다. 신속하게 대응하지 못하면 피해가 커질 수 있으니, 담당자 연락은 물론 증거 자료 확보에 만전을 기해야 합니다.

물론 사전에 조직에서는 일관성 있는 대처를 위해 필요한 지침이나 규정을 마련하고 이를 전사 조직이나 구성원이 숙지하고 현장에서 활용할 수 있도록 해야 합니다. 신속하고 일관성 있는 대처를 하려고 해도 지침이나 규정이 마련되어 있지 않으면 그저 감정만 소모할 뿐입니다. 충분한 권한위임은 물론 당당하게 대응할 수 있는 분위기나 환경을 마련하는 것이 우선되어야 신속하고 일관성 있는 대처가 이루어질 수 있다는 사실을 꼭 기억하시기 바랍니다.

지속적인 업무 방해 시에는 단호하게 대응해야 합니다. 우리는 이미 블랙컨슈머가 자신의 요구 사항을 관철시키기 위해 다양한 수단과 방법을 구사한다고 배웠습니다. 소리를 지르거나 욕을 하거나 심지어 폭력을 행사하는 행위 모두 이들이 자신의 원하는 것을 얻기 위한 행동이라고 할 수 있습니다. 그러나 이들의 행위가 너무 과도하다고 판단될 경우에는 감정적인 대응과 저자세를 유지하는 것이 아닌 단호하게 대응해야 합니다.

예를 들어 기물을 파손하거나 직원을 폭행하는 행동을 할 경우, 경찰에 신고하거나 정당방위 차원에서 블랙컨슈머를 제지할 수 있도록 해야 합니다. 이와 같은 경우를 대비해 가까운 경찰서나 파출소에 있는 경찰들과의 유기적인 협조 체계가 필요합니다. 이후에 기물을 파손하였다면 명백하게 손해배상을 청구해야 하며, 폭행 및 기타 사유로 인한 치료비는 물론 위자료를 청구해야 합니다. 이러한 대응을 하기 위해서는 사전에 블랙컨슈머에 대한 대응체계는 물론 절차가 마련되어 있어야 하고 직원들을 대상으로 제대로 된 교육 및 훈련이 이루어져 있어야 합니다. 이뿐만 아니라 문제가 있는 고객을 수시로 모니터링하고 전담팀이 체계적으로 대응할 수 있도록 적절한 권한위임을 주는 것도 중요합니다.

다음으로 중요한 것은 증거 자료를 확보하는 것입니다. 앞에서도 말씀드렸다시피 블랙컨슈머 대응 시 증거 자료 확보의 중요성은 아무리 강조해도 지나치지 않습니다. 앞에서 필자는 블랙컨슈머로부터 증거를 확보해야 하는 이유에 대해서 대략 5가지 이유를 들어 설명하였으며, 블랙컨슈머 대응을 할 때 현장에서 증거 수집 또는 확보하는 방법에 대해서도 자세하게 설명하였으니 다시 한번 참고하시기 바랍니다.

증거도 없이 법적인 대응을 하는 것은 한계가 있습니다. 앞에서 몇차례 강조했다시피 우리나라는 법정증거주의를 채택하고 있어 증거 없이는 블랙컨슈머의 잘잘못을 따지기 어렵고, 그에 맞는 금전적인 배상을 받아 낼 수도 없습니다. 따라서 법적 대응에 필요한 증거 자료를 최대한 확보하기 위해 노력해야 하며, 증거 수집과 관련한 지침이나 필요한 기준을 마련해서 현장 직원들이나 담당자들이 숙지하고 활동할 수 있도록 해야 합니다.

다음으로 법적 대응을 검토합니다. 법적 대응 이전에 내용증명을 발송하는 등의 조치는 위에서 별도로 설명을 드렸습니다. 법적 대응은 반드시 절차를 거쳐 진행하는 것이 바람직합니다. 예를 들어 접점 직원에게 폭언을 할 경우 ARS 또는 구두로 경고 또는 법적 대응에 대한 안내를 할 수 있고, 그래도 계속 폭언을 일삼는 경우에는 내용증명을 보내고 최후 수단으로 고소·고발하는 프로세스를 운영하거나 이러한 절차를 마련하는 것이 바람직합니다.

먼저 법적 조치에는 무엇이 있는지에 대해서도 알아볼 필요가 있습니다. 먼저 법적 대응 방안에는 민사적 조치와 형사적 조치가 있습니다. 민사적 조치는 블랙컨슈머로 인한 피해로 인해 기업이 재산에 대한 압박을 가하는 손해배상 청구 형태를 의미합니다. 한마디로 손해배상책임을 의미하며, 불법 행위로 인해 기업에게 손해를 입힌 사람이 손해를 배상하고 그에 대한 책임을 지는 것입니다. 물론 쌍방 간에 합의가 있으면 소송할 필요 없이 분쟁이 종결되나, 그렇지 않을 경우에는 재판을 통해 판결을 받게 됩니다.

반면 형사적 조치는 형사적 책임에 초점을 맞추며, 형법상 범죄 행위가 되는 경우 고소 및 고발을 취하는 형태를 의미합니다. 쌍방 간의 피해뿐만 아니라 사회 규범과 질서를 파괴하는 행위에 대해서 책임을 물을 수 있습니다. 소송적인 측면에서 볼 때, 민사와 형사의 가장 큰 차이는 국가의 개입 여부라고 할 수 있습니다. 고소 행위를 통해 소송 및 분쟁을 해결할 경우 주체가 개인이면 민사이고, 고소 주체가 국가가 되면 형사라고 이해하는 것이 빠릅니다.

블랙컨슈머에 대한 민사적인 조치와 형사적인 조치의 주요 특징

구분	주요 내용
민사적인 조치	■ 재산에 대한 압박을 가하는 손해배상 청구 형태 ■ 위법 행위를 통해 손해를 입힌 경우 책임을 지고 손해배상함(금전적인 배상) ■ 가해자에게 과실이 있는 경우에만 피해자에게 손해배상 책임이 발생 ■ 과실 없이 발생한 손해는 가해자가 물어줄 법적 책임은 없음 → 천재지변 또는 기타 원인 불명에 의해 발생한 손해
형사적인 조치	■ 형법상 범죄 행위가 되는 경우 고소 및 고발을 취하는 형태 ■ 사회 질서 파괴에 대한 제재 성격이며 징역형, 벌금형, 금고형 등을 취함 ■ 범죄로 인한 피해 시 고소 가능하나 최후 조치 수단이므로 신중한 접근 필요 ■ 블랙컨슈머의 행위가 범죄 구성 요건에 해당하면 형법에 따라 처벌 가능 ■ 블랙컨슈머에 대한 형사처벌 사례 : 업무방해죄, 폭행죄, 협박죄, 명예훼손죄, 모욕죄, 공갈죄, 통신비밀보호법 등

위 표를 통해 민사적인 조치와 형사적인 조치의 특징에 대해서 알아보았는데, 몇 가지 주의할 사항에 대해서 알아보도록 하겠습니다. 먼저 블랙컨슈머를 대상으로 형사적인 조치를 취할 경우, 해당 사항을 입증할 수 있는 명백한 증거나 증명을 요합니다. 따라서 기업 내부에서 충분한 검토 및 조사 또는 증거 자료 없이 고소나 고발을 할 경우 시간과 비용만 낭비할 가능성이 큽니다.

따라서 명백하게 악성 행동이나 행위라고 보임에도 상황에 따라 범죄에 해당하지 않을 가능성이 생각보다 많기 때문에 사전에 충분한 법률적 검토 및 분석이 이루어져야 합니다. 또한 형사적인 조치를 할 경우, 블랙컨슈머에 대한 무고죄에 해당하지 않는지에 대한 명확한 검토가 있어야 합니다. 블랙컨슈머로 하여금 형사처분 또는 징계를 받게 할 목적으로 허위 사실을 신고하는 행위 자체가 무고죄에 해당하므로 고소·고발의 여부를 결정할 때는 반드시 주의하여야 합니다.

여기서 간과해서는 안 되는 중요한 것이 있는데, 국내 형법에 의하면 허위 사실을 신고한 자는 10년 이하의 징역이나 1,500만 원 이하의 벌금에 처한다고 규정하고 있습니다. 따라서 블랙컨슈머의 행위가 명백히 위법 행위가 아님에도 불구하고 해당 사항에 대해 과장하거나 날조하는 경우는 무고죄에 해당합니다. 다만 이와 관련하여 '고소 내용이 터무니없는 허위사실이 아니고 사실에 기초하여 그 정황을 다소 과장한 데 지나지 아니한 경우에는 무고죄가 성립하지 않는다'라는 대법원의 실제 판례*도 있으니 참고하시면 좋겠습니다.

따라서 사전에 법률적 검토 및 분석을 위해서 법률전문가 또는 변호사를 선임하는 것이 바람직합니다. 처음부터 법률전문가나 변호사를 선임하는 것보다 대한법률구조공단(국번 없이 132)에서 무료로 제공하는 법률 상담을 이용해서 충분한 지식이나 정보를 확보한 후 선임해도 늦지 않습니다. 대기업의 경우 내부 법무팀이나 외부 법률 상담 서비스를 이용하면 되지만 자영업자나 규모가 작은 곳은 이마저 쉽기 않기 때문에 대한법률구조공단을 이용해 보시는 것이 좋습니다. 다만 회사 규모에 따라 이용에 제약이 있으니 충분히 알아보시고

---

*   대법원 2009.11.12 선고 2009 도 8949 판결

활용하시기 바랍니다.

또한 변호사도 전문 분야가 다르기 때문에 사전에 해당 변호사나 법률사무소가 블랙컨슈머 이슈와 관련하여 충분한 경험이나 능력을 가지고 있는지 여부를 확인할 필요가 있습니다.

지금까지 블랙컨슈머의 행위가 명확히 불법적인 경우에는 법적 대응이 가능하다는 점과 고소를 하기에 앞서 반드시 법률적 검토가 필요하다는 점을 설명하였습니다. 이러한 법적 대응과 관련하여 기업 측에서 유의할 것이 있는데, 법적 대응을 남발하는 것은 결국 기업을 위협하는 화살이 되어 돌아오기 마련이며 기업의 이미지에도 부정적인 영향을 미친다는 사실을 인지할 필요가 있습니다.

위에서 설명하였다시피 법적 대응이 만사는 아니고 또한 사안별로 해석이 다를 수 있다는 점, 그리고 아직 국내에 블랙컨슈머에 대한 명확한 정의와 범위가 마련되지 않은 관계로 그러한 경계의 애매모호함을 넘나들면서 악이용하는 사례가 빈번히 있으니 이를 주의하여야 합니다. 또한 해당 법적 조치 및 대응이 자칫 다른 블랙컨슈머로 하여금 악성 행동의 빌미를 제공하지 않도록 주의하여야 합니다.

블랙컨슈머의
보상 요구와 관련한 대응 지침

익숙한 우리나라 속담 중에 '코에 걸면 코걸이, 귀에 걸면 귀걸이'라는 것이 있습니다. 명확한 근거 또는 원인이나 원칙에 의거하기보다는 상황에 따라 행동이나 생각이 바뀔 수 있음을 비유적으로 이르는 말일 것입니다. 국내 기업의 블랙컨슈머에 대한 대응 방식이 바로 위와 같은 속담과 같지 않을까라는 생각이 듭니다.

'목소리 큰 사람이 이긴다'거나 '우는 아이 떡 하나 더 준다'라는 식으로 블랙컨슈머의 행동에 따라 보상의 기준이나 규모가 달라지는 대응 방식은 오히려 역효과를 불러일으킬 위험성이 크다는 것은 잘 알고 계시리라 생각합니다. 국내 블랙컨슈머의 60% 이상이 금전적인 보상을 요구한다는 연구 결과가 있습니다. 이러한 현실을 고려한다면 적어도 블랙컨슈머가 보상 관련 요구를 했을 때 현장에서 반드시 지켜야 할 기본 원칙이나 지침을 가지고 대응해야 피해를 최소화할 수 있습니다. 아래 설명드리는 대응 원칙을 반드시 숙지하고 이를 현장에 적용할 수 있도록 합니다.

먼저 블랙컨슈머를 대응하기 이전에 블랙컨슈머에 대한 적절한 보상 조항이나 근거 또는 기준을 마련해야 하고, 이렇게 정해진 보상 규정이나 원칙에 근거하여 처리하는 것이 바람직합니다. 이렇게 보상체계를 공식화하면 확대 보상의 여지가 한정되고 블랙컨슈머가 기대하는 보상 수준 또한 한정되기 때문에 방어적인 대안이 될 수 있습니다. 다만 블랙컨슈머의 유형이나 행위에 따른 탄력적인 대응이 필요한 경우가 발생하는데, 이러한 대응에 있어서도 사전에 정해 놓은 근거나 기준에 입각하여 처리해야 합니다. 무조건 떼를 쓴다고 보상을 해 주는 것이 아니라, 보상 전에 블랙컨슈머의 행동이 부당하다는 것을 설명함과 동시에 납득할 수 있도록 설득을 하는 등의 노력과 단호한 대처가 필요한 것이지요.

블랙컨슈머 대상 보상 관련 단계별 대응 절차

1단계	2단계	3단계
기준 및 근거 수립	실행 및 모니터링	결과 조치 / 후처리
- 원칙적인 보상처리 기준 수립 - 유형별 보상기준 / 근거 마련 - 단계별 대응 지침과 절차 마련 * 설득 및 회유 지침 * 법적 대응 지침 * 처벌 기준의 세분화 * 귀책사유 판단 기준 마련 - 권한위임의 범위 - 직무 또는 직급별 보상가이드	- 별도의 보상관리 시스템 구축 - 직원 교육 훈련 및 모니터링 - 별도 코드 관리 및 분석 - 사실여부 및 이력확인 - 보상여부 심사(심사위원회) * 고의/악의성 여부 * 상습 및 반복 제기 여부 * 폭언, 협박, 인격모독 유무 - 악성고객 대응 프로세스	- 심의에 따른 조치 결정 * 설득 및 회유 * 법적 대응을 통한 단호한 대처 * 사과 및 보상 * 무보상 및 원칙적인 응대 - 이력 및 보상 유형별 분석 * 발생시점, 보상액, 발생빈도 등 - 분석 결과에 따른 피드백 - 악성고객 대응 기준 반영 및 활용

블랙컨슈머 대상 보상 관련 단계별 대응 절차

귀책 여부를 판단하여 기업 쪽에 귀책사유가 있다면 적절한 사과와 함께 합당한 보상을 해야 하지만, 무리하게 요구하거나 막무가내인 경우 내용증명을 발송하거나 필요에 따라 법무팀의 협조를 통해 법적 대응도 고려해야 합니다. 또한 블랙컨슈머를 대응하는 데 있어 발생한 시행착오 및 결과는 반드시 공유되어야 하며, 이를 바탕으로 보상 또는 대응체계의 기준을 수정 및 보완해야 합니다. 그리고 보상 결정 또는 이미 보상을 시행한 경우 별도의 합의서를 작성하여 보관하여야 하고, 상습 및 반복적으로 악성 행동을 제기하는 자에 대해서는 별도 코드를 부여하고 특별 관리를 해야 합니다.

현장에서 블랙컨슈머가 의도하는 보상과 관련하여 너무 다양한 유형이 존재하는 것이 사실입니다. 물론 유형별로 100% 대응을 하는 것은 어렵지만, 기업 입장에서 원칙 없이 대응하면 그들에게 일방적으로 이끌려 다니는 상황에 처할 수도 있습니다.

다음으로 보상을 할 경우, 보상 지침과 한계선을 설정하는 것이 바람직합니다. 현장에 있는 분들이 가장 힘들어하는 것 중 하나가 보상에 대한 지침이 명확하지 않다는 것입니다. '지침이 명확하지 않다'는 것은 결국 개인이 알아서 '보상에 대처하라'는 것을 의미하거나 또는 보상과 관련하여 상대방에게 제공하여야 하는 보상 수준이 적합한지 고민하게 만들어 대응을 더욱 어렵게 만들기도 합니다.

따라서 조직 전체가 정해 놓고 규정한 한계선이나 지침을 준수할 수 있도록 해야 합니다. 이러한 지침이나 한계선이 명확하면 현장에서도 대응하기가 한결 수월해집니다. 지침이나 한계선을 정해 놓고 이에 대한 정기적인 모니터링을 통해 현장에서 지침을 시행했을 때의 문제점이나 개선해야 할 사항은 무엇인지를 분석하고 보완하는 것이 바람직합니다.

지침이라는 것은 응대 지침은 물론 설득과 회유를 하는 지침을 포함하며, 귀책사유 판단 지침과 권한위임의 범위를 모두 포함합니다. 권한위임과 관련해서도 직무 또는 직급에 따른 권한위임의 범위는 물론 보상 범위를 구체적으로 포함하여야 합니다.

또한 사회적 기준과 잣대에 근거한 공정한 보상 기준을 마련하는 것이 중요합니다. 이를 위해 정부나 소비자 관련 단체에서 마련한 보상 관련 지침이나 기준을 참고하는 것이 좋습니다. 이외에 동업타사 또는 동일 업종에서 시행하고 있는 보상 기준과 관련된 정보 비교를 통해 기준을 마련하는 것도 한 가지 방법입니다.

다음으로 보상 진행 시 금전적인 접근을 통한 문제 해결은 가급적 피하시기 바랍니다. 여러분들도 이미 아시다시피 블랙컨슈머의 부당한 요구에 대해서 금전적인 중심의 문제 해결은 오히려 상황을 악화시킵니다. 대표적인 것이 바로 '다른 블랙컨슈머의 표적이 될 수 있다'는 점입니다. 요즘 SNS 서비스나 다양한 커뮤니티를 통해 이들이 습득하거나 경험한 정보가 쉽게 유통되는 것을 볼 수 있습니다. 문제는 이들이 기업과의 접촉을 통해 스스로 얻어낸 보상과 관련한 내용들을 무용담처럼 늘어놓는다는 것입니다. 이와 같은 공유 활동은 다른 블랙컨슈머에게도 영향을 미쳐 기업 입장에서는 예상치 않은 자원이 낭비되는 결과를 초래하게 됩니다.

흔히 현장에서 업무를 진행하다 보면 잘못된 업무 처리(과실)에 대한 보상 외에 추가적으로 금전적인 문제 해결을 요구하거나 특별 대우를 요구하는 경우가 있습니다. 이때는 단호하게 대처를 해야 합니다. 무조건 떼를 쓴다고 금전적인 보상이나 특별 대우를 해 줄 것이 아니라, 상대방의 행동이 부당하다는 점을 설명하고 회사의 보상 관련 규정이나 원칙에 근거해서 처리될 수 있다는 점을 명확히 하는 것이 바람직합니다.

만약 보상을 할 경우가 발생한다면, 제일 처음부터 금전을 통한 해결이 아닌 립서비스(Lip service)를 통한 접근을 고려해 볼 수 있습니다. 금전이 아닌 객관적인 근거에 의해서 보상에 대한 설명 및 설득이 우선되어야 하며, 이때 호응이나 경청과 같은 기법을 활용하여 원칙적인 대응을 하는 것입니다. 립서비스가 안 될 경우, 다음으로 생각해 볼 수 있는 것이 바로 유·무형의 서비스 제공입니다. 예를 들어 문제가 발생했을 때 직접 현장에 나가 좀 더 디테일한 서비스를 제공하거나 고품격 서비스를 제공하는 것이 대표적인데, 사후서비스(AS)를 예로 든다면 전문 AS요원이 방문해서 좀 더 차원 높은 서비스를 제공하는 것이 이에 해당합니다.

이러한 유·무형 서비스가 안 될 경우, 현물 형태로 제공하는 것을 고려해 볼 수 있습니다. 그러다가 마지막으로 선택할 수 있는 것이 바로 기업이 마련한 지침이나 한계선에 근거를 둔 금전적인 보상이 되도록 하는 것이 바람직합니다. 다시 한번 강조드립니다만 처음부터 현금을 통한 문제 해결은 또 다른 문제를 발생시키므로 무슨 일이 있어도 피해야 합니다.

다음으로 보상을 요구하는 블랙컨슈머에게는 손해에 대한 구체적 근거 자료 제시를 요청하시기 바랍니다. 물질적이든지 정신적이든지 보상을 해주려면 손해를 봤다는 구체적인 근거 자료가 있어야 합니다. 그런데 구체적인 과실을 입증하기 않은 채 보상을 요구하는 것은 억지 주장에 불과하므로 이 점에 대해서는 단호하게 대처해야 합니다. 그뿐만 아니라 보상할 문제가 발생했다고 하더라도 구체적인 손해액에 대한 입증 책임도 민법에 기초한다면 전적으로 블랙컨슈머에 있다는 점을 주지시킬 필요가 있습니다. 따라서 보상을 요구하는 블랙컨슈머가 금액을 요구할 경우 근거가 되는 자료를 제시하도록 요청해야 합니다. 우리나라 법에서는 현실적으로 손해가 발생했는지 여부는 사회 통념에 비추어서 객관적이고 합리적으로 판단합니다. 따라서 구체적인 근거자료를 제시하지 않을 경우 보상이 어렵다는 점을 분명히 하여야 합니다.

이외에도 보상 관련 대응 시 절대 서두르지 말고 차분히 대응하는 것이 바람직합니다. 보통 블랙컨슈머들이 보상을 요구할 때 자주 쓰는 방법 중에 하나가 바로 시간에 대한 압박입니다. 특히 신입이나 경력이 짧은 직원일수록 지속해 나가기 어려운 상황에서 빠져나오기 위해 보상을 요구하는 블랙컨슈머의 요구에 순순히 응하는 경우가 있습니다. 블랙컨슈머는 이러한 상황을 잘 이용하는 전문적인 사기공갈범이라고 해도 과언이 아닙니다. 고객의 탈을 쓰고 선량함을 가장하면서 한편으로는 신속함으로 요구하면서 직원들의 판단을 흐려 놓는 경우도 있습니다. 말도 안 되는 억지 논리는 물론, 갑자기 소리를 지르거나 말꼬리를 잡기도 하지요. 인간이 가진 '이성'과 '감정'을 절묘하게 이용한다고 할까요?

그렇지만 한 번 생각해 봅시다. 보상에 대한 요구를 들어주거나 해결에 도움을 줄 수 있는 사람은 누구일까요? 블랙컨슈머일까요? 아니면 현장에서 근무하는 직원일까요? 너무도 당연하지만, 현장에서 근무하는 직원들이 문제 해결의 열쇠(Key)를 쥐고 있습니다.

여기서 절대로 혼동해서는 안 되는 것이 있습니다. 바로 신속한 대응과 신속한 해결이라는 것에 대한 명확한 이해입니다. 언뜻 보기에는 신속한 대응과 신속한 해결이라는 것은 별 차이가 없어 보입니다만, 이 두 가지 방법에 의한 결과의 차이는 큽니다. 간단히 말씀을 드리자면, 신속한 대응과 신속한 해결은 전혀 다른 접근 방법임을 인식하셔야 합니다.

어떤 문제가 발생했을 때 블랙컨슈머에 대한 신속한 대응은 오히려 블랙컨슈머의 과격한 반응을 억제하는 효과가 있습니다. 일반적으로 모든 고객이 신속하고 정확한 서비스를 원하는 것처럼 이들에게도 신속하게 대응하는 것은 긍정적인 효과를 나타내기도 합니다. 그러나 신속한 해결이라는 것은 문제가 이미 발생한 후에 대응하는 것이기 때문에 신속한 대응과는 다른 것임을 이해하셔야 합니다. 이미 눈치를 채신 분들도 계시겠지만, 대응은 신속하게 해야 합니다만 해결에 있어서는 신속한 것이 답이 아니라는 것입니다. 오히려 신속한 해결의 관점에서의 접근은 문제 해결을 방해하며 블랙컨슈머의 의도대로 움직일 가능성이 높습니다.

따라서 신속하게 대응하되 해결에 있어서는 절대로 신속함이 아닌 시간을 충분히 갖고 현명하게 처리해야 한다는 점을 잊으시면 안됩니다. 블랙컨슈머 입장에서는 신속한 해결을 원하겠지만, 우리 입장은 그렇지 않다는 것을 인식할 필요가 있습니다. 문제 해결을 요구하며 우리를 괴롭히는 블랙컨슈머를 대응할 때는 아래 두 가지만 상기하시면 됩니다.

　-먼저 시간에 쫓기고 있는 사람은 누구인가?
　-시간이 흐르면 흐를수록 불리해지는 사람은 누구인가?

　또한 시간을 압박하며 문제 해결을 요구하는 블랙컨슈머에게는 위에서 말씀드린 대로 초조하거나 당황하지 말고 메모를 하거나 호흡을 통해 판단을 흐리게 하는 요소들을 제거하거나 제어하는 것도 중요합니다. 그래도 압박을 한다면 "제가 혼자 의사 결정할 수 있는 문제가 아닙니다." 또는 "제가 판단할 문제는 아닙니다만 내부 논의 후 정식으로 저희 회사의 입장을 말씀드리겠습니다."라고 확실하게 의사를 표시하는 것이 바람직합니다.

경찰 신고에 대한
판단 기준 및 신고 절차

블랙컨슈머의 기업이나 직원에 대한 악의적인 행위는 위험 관리 차원에서 다루어져야 하는데, 이때 기업이나 조직이 제대로 대응하지 못할 경우 업무 마비는 물론 다른 고객에게 부정적인 경험을 제공하는 등의 기업 이미지를 저하시킬 수도 있습니다. 게다가 블랙컨슈머에 제대로 대응하지 못할 경우 인적 또는 물적 손실을 입을 뿐 아니라 현장 직원들로 하여금 기업이나 조직이 블랙컨슈머로부터 자신을 보호해 주지 않는다는 생각이 미치게 되면 이들로부터 신뢰를 얻기 힘들어집니다. 안전한 근무 환경을 제공하지 못해 발생하는 신뢰감 하락은 업무 의욕 저하, 충성도 하락은 물론 심하면 조직 이탈로 이어지기도 합니다. 직무 만족이나 조직 몰입을 방해하는 요소들 중에는 안정성(Stability)과 안전성(Safety probability)이 중요한 요소로 작용하는데, 특히 고객과의 접촉이 잦은 부서일수록 이와 같은 요소들의 중요성은 아무리 강조해도 지나치지 않습니다.

따라서 기업은 블랙컨슈머에 대응하기 위한 조직이나 체계를 갖추고 반복적인 교육이나 역할연기 등의 모의훈련을 통해 현장 실전 대응력을 강화하고 실제 해당 행위가 발생했을 때 피해 최소화 및 조직이나 시장에 미칠 파급력을 고려하여 체계적으로 대응하는 것이 바람직합니다. 그런데 문제는 블랙컨슈머를 응대하는 과정에서 필요한 지침을 보면 명확하지 않은 것과 명확하더라도 실제 행동으로 옮기기 어렵다는 점입니다.

대표적으로 현장에서 블랙컨슈머의 위해행위가 발생했을 때 경찰을 포함한 공권력의 도움을 받아야 하는지 여부를 판단하기 어려운 경우가 있습니다. 오히려 경찰을 불러 문제를 해결하거나 사건이나 사고를 진정시키려는 의도가 일을 더 크게 만들 수 있겠다는 두려움 때문에 망설이는 경우가 많습니다. 그래서 실제로 매뉴얼이나 지침이 있다고 하더라도 이를 행동으로 옮기는 것이 쉽지만은 않습니다.

그렇지만 고객을 응대하는 과정에서 직원을 대상으로 폭언을 하거나 폭행을 하는 행위 또는 기업에 직접 찾아와 기물을 파손하는 등 고객의 일탈 행위에 대해서 고소 및 고발은 물론 손해배상을 청구하는 등의 민사 및 형사 조치를 취할 경우 필요한 행정적 또는 절차적인 지원을 진행하는 것이 바람직합니다.

또한 경찰 신고로 인해 블랙컨슈머의 악의적인 행동을 저지할 수 있는 효과도 있습니다. 일반적으로 일제시대를 거쳐 군부 독재를 경험했던 우리나라 국민들은 제복에 대한 공포나 두려움이 있습니다. 물론 예전과 같지는 않지만 연령이 있는 분들일수록 제복이 주는 막연한 두려움이나 경찰관을 대면해야 한다는 부담감이 있는 것이 사실입니다. 이렇게 이들이 느끼는 두려움이나 부담감을 통해 과격한 행동을 저지하거나 무력화시킬 수 있다는 점을 충분히 이해하시고 상황이 급박할 경우 경찰서에 신고해 도움을 받으시기 바랍니다.

그렇다면 블랙컨슈머의 폭언, 폭행, 기물 파손과 같은 행위에 대해서 경찰에 신고하는 기준은 무엇일까요? 먼저 내부에서 규정이나 지침을 마련하는 것이 중요한데, 무조건 경찰에 신고하는 것이 아니라 경고는 물론 내부에서 마련된 규정과 지침에 근거하여 응대하였음에도 불구하고 이러한 절차나 경고가 무시되면 경찰에 신고하는 것이 맞습니다.

또한 블랙컨슈머가 기업의 업무를 방해하거나 기물을 손괴하거나 직원을 폭행하는 등의 행동이라면 당장 해당 행위를 중지할 것을 요청함은 물론, 해당 행위의 경우 명백하게 범죄 여건이 성립되므로 즉시 경찰에 신고하여야 합니다. 경찰에 신고하기로 결정을 내렸다면, 아래와 같은 절차를 거쳐 진행하는 것이 바람직합니다.

절차	주요 내용
경찰 신고	■ 내부 규정이나 지침에 의거해서 경찰 신고 판단기준에 부합할 경우 신고 ■ 근처 파출소나 경찰서 신고(사전에 전화번호 확보) ■ 경찰서 연결 112 비상벨 설치 ■ 112상황실에 신고 시 현재 상황(피해 상황), 정확한 위치 안내
경찰 출동	■ 경찰 출동 시 현재 상황(피해 상황 및 피해 직원 상태 등) 및 진술 ■ 육하원칙에 의거하여 확보된 구체적인 증거 제시 ■ 사전에 미리 증거 수집 및 확보(녹음, 녹화, 증인, 메모, 메시지, 톡 외) ■ 신고 후에도 지속적으로 악의적인 행위를 지속할 경우 임의동행
경찰서 동행	■ 해당 민원 발생과 관련하여 해당 피해 직원의 직접 동행 필요 ■ 피해 상황에 대한 진술 및 사실 관계 확인

진술서 작성	▪ 피해 직원이 경험한 내용을 중심으로 사실 위주로 작성 ▪ 향후 법적 대응을 할 때 중요한 증거로 활용됨으로 구체적으로 기술 ▪ 진술서 양식 : 서울경찰청(smpa.or.kr) → 국민 마당 → 각종 서식
수사 협조	▪ 해당 행위에 대한 증거가 될 만한 자료 확보 및 제출 ▪ 증거 자료 : CCTV내용, 메일, 녹취 자료, 톡/메신저, SNS, 서류 원본 등 ▪ 증거 자료 외 증인 및 목격자 확보 등

　다만 주의할 것은 경찰에 신고 시 골든 타임을 확보하는 것입니다. 이 글을 읽는 분들은 블랙컨슈머의 위해행위가 발생했을 때 '112'를 누르고 신고하면 될 것이라고 생각하지만, 시간을 다투는 위급한 상황에서는 좀 더 신속한 출동을 위해서 신고 절차나 방법을 알고 있으면 큰 도움이 됩니다.

　이미 경찰서나 파출소 전화번호를 확보하셨다면 해당 번호로 신고하면 되지만, 확보되지 않았다면 112로 신고하는 것이 바람직합니다. 112상황실은 강력 범죄 사건은 물론 폭행, 기물 파손 등 사회 질서를 파괴하는 행위에 대해서는 신속하게 출동 명령을 내기 위해 24시간 운영 중입니다.

　112상황실에 신고할 때는 장황하게 설명하기보다는 정확한 위치를 안내하고 현재 상황을 알리는 것이 좋은데, 현재 상황이라는 것은 현재 피해 상황 및 피해자 상태 등을 포함합니다. 해당 행위의 경중에 따라 대응 방법에 차이가 있기 때문에 현재 상황을 잘 알려 주셔야 합니다. 여기에 덧붙여 도주를 했을 경우 해당 고객임을 특정 지을 수 있는 인상착의나 도주 방향 등을 구체적으로 알려 줌으로써 추가적인 대응을 할 수 있습니다.

다만 경찰서에 신고하더라도 무조건 경찰이 오는 것은 아니고 112 요원이 최대한 합리적으로 판단하여 분류한 다음, 신고 내용을 토대로 사건의 긴급성과 경찰 출동의 필요성에 따라 112신고 대응 코드를 분리합니다. 먼저 코드는 크게 긴급과 비긴급, 상담으로 구분되며 코드제로라고 불리는 'Code 0'과 'Code 1'의 경우 긴급신고에 해당합니다. 'Code 2~3'의 경우 비긴급에 해당하며 'Code 4'의 경우 상담으로 분류하여 운영되고 있습니다.

112 신고 접수 지령 매뉴얼(코드 분류)

구분	코드분류	주요 내용
긴급	Code 0	■ 신고자와 통화하는 도중에 출동 지시가 필요할 만큼 급박한 경우 ■ 이동 범죄 / 강력 범죄 / 현행범 등 / 최단 시간 내 출동 ■ 선지령 및 제반출동요소 공조 출동
긴급	Code 1	■ 생명이나 신체에 위험이 임박하거나 진행 중인 경우(또는 직후) ■ 현행범 체포 / 최우선 출동 ■ 직원을 폭행하거나 흉기로 위협하면서 공포 분위기 조성
비긴급	Code 2	■ 생명이나 신체에 대한 잠재적 위험(위협)이 발생했을 경우 ■ 범죄 예방 등에 필요한 상황이 발생했을 경우 ■ 기물 파손을 해서 현장이 난장판이 된 경우
비긴급	Code 3	■ 즉각적인 현장 조치가 필요하지는 않지만 수사나 경찰 역할이 필요한 경우 ■ 즉시 출동 X ■ 물건 분실 또는 고객으로부터 폭행을 당해 병원에서 치료받는 중 ■ 관할 경찰은 신고자와 만난 시간과 장소 정하고 12시간 내 출동
상담	Code 4	■ 생명이나 신체 위험이 없는 민원 또는 상담성 신고인 경우 ■ 긴급하지도 않고 출동 필요 X ■ 타 기관 업무나 민사 신고, 경찰 조치에 대한 불만 등

위의 112 신고 접수 지령 매뉴얼을 참고하여 긴급한 것인지 긴급하지 않은 것인지 현장 상황을 파악한 후 내부 절차를 거쳐 신고를 하는 것이 바람직합니다.

만약 112 신고를 할 때 전화 통화가 불가한 상황이라면 어떻게 해야 할까요? 가끔 블랙컨슈머를 응대하다 보면 상황에 따라 전화를 할 수 없는 경우가 발생되기도 합니다. 이때는 애플리케이션을 활용해 보실 것을 권고드립니다. 그동안 신고 앱은 경찰과 소방 등 긴급기관별로 운영해 왔는데 현재는 112와 119 신고 기능을 모바일앱 하나로 통합한 '긴급신고 바로앱' 서비스를 제공하고 있습니다.

긴급신고 앱(App.)   [출처 : 행정안전부]

긴급신고 앱은 전화를 통한 신고가 어려운 상황에서도 그림이나 문자를 선택해서 신속하게 신고할 수 있는 장점이 있으며, 청각장애인은 물론 신고자가 위협을 받고 있는 상황에서도 '음성 통화 곤란 시 체크' 항목을 선택해 신고할 경우 접수기관이 상황에 맞게 적절히 대응할 수 있도록 해 주는 기능도 갖추고 있으니, 현장에서 위급한 경우 활용해 보시기 바랍니다.

PART 2

개인적인 차원의
블랙컨슈머 대응하기

블랙컨슈머 대표 유형
이해하기

　우리는 세상을 살아가는 데 있어 크고 작은 일에 상처를 받기도 하지만, 역으로 타인에게 상처를 주기도 합니다. 이는 우리가 공감능력이나 상식이 떨어져서 그런 것이 아니라 감정을 가진 동물이기도 하고 환경에 직·간접적인 지배를 받는 인간이기 때문입니다. 말 그대로 대부분의 사람들은 사회화라는 과정을 통해 상식이라는 것을 학습하기 때문에 대부분 사회가 용인하는 범위 내에서 생각하고 행동하기 마련이지요. 그런데 우리 주변에는 인간으로서 기본적으로 가지고 있는 최소한의 양심이나 상식 또는 공감능력이 떨어지는 사람들이 있습니다.

　대표적인 예가 바로 블랙컨슈머라고 할 수 있습니다. 요즘 지면을 장식하고 있는 이들의 활약상을 보고 있노라면 놀랍기 그지없지요. 이들이 펼치고 있는 행동을 보면 몇 차례 말씀드린 대로 이들은 상식이나 양심은 물론, 공감능력이라고는 눈을 씻고 찾아봐도 없는 사람들입니다. 사실 제가 블랙컨슈머의 행동에 대해서 관심을 가졌던 초기에는 '클레임의 확장된 개념이 아닐까?'라는 생각 정도에 머물러 있었습니다. 그러나 이들과 관한 자료와 사례를 조사하다 보니 생각 이상의 무식함과 용감함 그리고 몰상식을 탑재한 아주 고약한 사람들이었던 것입니다. 시쳇말로 '클레임의 막장 끝판왕'이 아닐까 하는 생각이 들 정도로 말이지요.

그러다 몇 년 전 책을 쓰면서 다양한 자료를 접하게 되고 업계에 종사하고 있는 사람들을 만나 이야기를 나누면서 블랙컨슈머에도 다양한 유형이 있다는 것을 알게 되었습니다. 한마디로 블랙컨슈머라고 하더라도 다 같은 블랙컨슈머가 아니라고 할 수 있겠습니다. 급이나 레벨에 있어서 차이가 난다고 할까요? 흔히 현장에서 직접 다루기 쉬운 유형의 블랙컨슈머가 있는가 하면, 정상적인 사고로도 대응하기 어려운 유형의 블랙컨슈머도 있습니다. 이들 모두 자신이 원하고자 하는 것을 얻어내려 한다는 점에서 공통적이지만, 이들의 조건이나 상황 또는 성향에 따라 크게 3가지 유형으로 나눌 수 있습니다. 이들에 대한 이해를 쉽도록 하기 위해서 이들을 각각 헐크형 (Hulk), 앵그리버드형(Angry bird), 조커형(Joker)으로 구분하여 설명하고자 합니다.

먼저 헐크형(Hulk)은 여러분들도 잘 알다시피 마블 코믹스의 만화 캐릭터이지요. 헐크는 어릴 때 불우한 환경에서 자랐고 알코올 중독 아버지 대신 숙모의 손에 자라면서 자신의 감정을 억누르고 사는 성격의 소유자로 삽니다. 그는 평상시에는 매우 상식적이고 명석한 과학자이지만, 분노를 하면 급격한 아드레날린의 분비로 인해 괴물로 변합니다. 이와 같이 헐크형 블랙컨슈머는 평상시에는 까다롭지 않고 규칙이나 소신을 가진 지극히 정상적인 성격의 소유자입니다. 그리고 이들은 평상시에 감정 조절도 가능하고 합리적이며 이성적인 태도를 보이지만, 특정한 상황이나 사건에 블랙컨슈머로 변하는 사람들이기도 하지요. 이를테면 '상황이나 조건에 따른 일시적인 분노 폭발자'라고 하는 것이 옳겠습니다.

흔히 임계치를 넘으면 필요 이상의 과민 반응을 보이는 사람들입니다. 예를 들어, 직원이 약속을 지키지 않아 손해를 본다거나 마음에 들지 않는 서비스를 받거나 기대한 수준의 서비스가 최악일 경우 또는 자신의 컨디션이 좋지 않거나 좋지 않은 소식을 접할 경우 블랙컨슈머로 돌변하는 사람들입니다. 물론 헐크형으로 변하는 고객은 소수입니다. 그러나 소수라고 하더라도 상황이나 조건이 여의치 않으면 이들은 블랙컨슈머로 돌변하니 조심해야 합니다. 이들은 주로 말꼬리 잡기 또는 화를 내거나 분노 표출을 하는 등 감정적으로 덤벼드는 유형이기도 합니다.

다음은 앵그리버드형(Angry bird)은 말 그대로 화가 나면 참지 못하는 분노 새로 몇 년 전, 전 세계적으로 주목을 받은 게임 캐릭터로 유명합니다. 앵그리버드형은 분노조절장애를 가지고 있거나 스스로 폭발하는 성격으로, 전형적으로 어떤 목적성을 가지고 접근하는 유형의 사람들입니다. 자신이 원하는 것은 어떻게든 얻어내야 직성이 풀리는 사람으로 수단과 방법을 가리지 않아서 떼를 쓰거나 고함을 지르거나 기물을 파손하는 등의 행위를 통해 자신이 목적하는 바를 이루어 내는 사람이지요.

최근에는 "자신이 원하는 것을 얻기 위해서는 감정을 흔들라."는 말을 금과옥조로 삼는 블랙컨슈머가 이에 해당합니다. 자신의 원하는 것을 얻기 위해서는 수단과 방법을 가리지 않는다는 점에서 "목적이 수단을 정당화한다"고 한 마키아벨리와 같은 생각을 가진 사람들이라고 할 수 있지요. 따라서 이들은 자신이 원하는 것을 얻기 위해 다분히 의도적이고 몰지각한 행동을 쉽게 저지르곤 합니다. 흔히 우리가 알고 있는 전형적인 블랙컨슈머라고 하는 사람들이 대부분이 앵그리버드형에 속합니다.

이들이 구사하는 가장 일반적이지만 최고라 생각하는 전략은 과도하게 떼를 쓰거나 소리를 지르며 행패를 부리는 것입니다. 이미 경험 및 학습화를 통해 접점에 있는 직원들이 자신의 이와 같은 행동에 속수무책으로 당할 수밖에 없을 것이라는 점을 알고 있기 때문이지요. 앵그리버드형은 단순 폭언으로 시작해 폭력 또는 기물 파손으로 이어지는 공격적 행동을 보이며 분노조절장애를 앓고 있거나 셀프 폭발형이 많습니다. 또한 목적한 바를 달성하기 위해 다양한 전략을 구사하는 유형이어서 기업 입장에서는 참으로 다루기 힘듭니다.

마지막으로 조커형(Joker)은 이미 고인이 된 히스레저(Heath Ledger)가 영화 〈다크나이트〉에서 분한 녹색 머리에 하얀 얼굴 그리고 찢어진 입과 매서운 눈매를 가진 미치광이 살인마 캐릭터입니다. 조커형은 반사회적 성격장애자로 이유 없이 화·분노를 표출하는 사람으로, 공감능력은 물론 수치심이나 죄의식이 없는 사람들입니다. 이들은 타인의 고통에 공감하거나 배려하는 마음이 거의 없으며 타인에 대한 지배욕구는 물론 승부욕이 강합니다. 자신의 힘을 과시하려는 성향이 강해 주도권을 장악하기 위해 과도한 행위를 표출하는 경우가 많으며, 따라서 감정의 기복이 심한 것이 특징이라고 할 수 있습니다.

이러한 사람들은 사이코패스(Psycho-path) 또는 소시오 패스(Socio-path)적 성향을 가진 사람들이라고 할 수 있습니다. 정신병을 앓고 있는 환자여서 일반 직원들이 이들을 대응한다는 것 자체가 어렵고, 대응 후에도 심한 후유증을 유발하기 때문에 전담팀이나 경험이 많은 직원들이 대응하는 것이 바람직합니다. 필요에 따라 강력한 대응이 필요한 유형의 블랙컨슈머라고 할 수 있습니다.

위에서 설명한 3가지 유형의 사람들은 공통적으로 정도의 차이는 있지만 상황이나 목적에 따라 정신적인 폭력을 휘두르는 사람들입니다. 원래부터 타인에 대한 공감능력이 부족해서 상대방의 아픔을 느끼지 못하는 사람들이 일정 비율 존재합니다. 그렇지만 정상적인 생활을 함에도 불구하고 의도하건 의도하지 않건 간에 정신적인 폭력을 저지르는 사람도 소수 존재하는 것을 보면, 이들과 끊임없이 접촉해야 하는 직원들 입장에서는 답답함을 느끼기에 충분합니다. 그나마 다행인 것은 대부분의 고객들은 지극히 선량하고 상식적인 사람들이라는 점입니다. 정신적인 폭력을 휘두르는 사람들은 어디까지나 예외적인 사항에 해당한다고 보는 것이 옳습니다.

전문가들에 의하면, 조커형을 제외하고는 공감능력은 가졌으나 상황에 따라서 적지 않은 사람들이 마치 '공감능력이 없는 것처럼 행동한다'고 합니다. 이들의 심리 기저에는 "내가 당신을 공감할 수 있을 정도로 당신이 그럴 만한 가치가 있는 사람이 아니다."라고 생각하거나 "내가 왜 당신을 걱정하고 염려해야 하나?"라는 생각이 깔려 있다는 것이지요. 이러한 이들의 심리를 역으로 뒤집어 보면 결국 "내가 당신보다는 우월한 존재야"라는 자기애가 내포되어 있습니다. 그리고 자신이 우월하고 더 나은 존재이므로 당연히 '욕을 하거나 폭력을 저질러도 참아야 한다'는 자기만의 논리가 형성되는 것입니다.

기본적으로 이러한 생각을 가진 사람들에게는 논리적으로 설명하거나 합리적인 태도를 보인다고 해도 정상적으로 응대하기가 쉽지 않습니다. 이들은 스스로 자신과 직원을 상하관계로 설정해 놓고서 상대방이 그 관계를 깨드리려고 하거나 해당 규칙을 어기려고 하면 이들은 오히려 욕설이나 폭력 또는 성희롱 등을 통해 신체적 또는 정신적 폭력을 휘두르기도 한답니다.

블랙컨슈머들이 현장에서
자주 활용하는 수법들

　블랙컨슈머 대응은 보다 적극적이고 체계적이어야 한다는 말을 자주 하곤 합니다만 실제로 효과를 거두기 어렵습니다. 왜냐하면 바퀴벌레가 진화를 하듯이 블랙컨슈머의 수법도 끊임없이 진화하기 때문입니다. 아무래도 고객채널이 급속도로 확산하고 있으며 고객불만을 공유하거나 확산시키는데 용이한 플랫폼이 계속해서 증가하고 있기 때문입니다. 과거의 경우 정보가 비대칭적으로 흐르기 경향이 많아 불만을 제기하기에 한계가 있었으며 무엇보다 불만을 토로할 수 있는 채널이 매우 제한적이었기 때문에 그 정도가 심하지 않았는데 최근에는 기술의 발달로 인해 고객접촉채널이 증가하면서 수법 또한 과감해지고 있는 것이 사실입니다.

　아시다시피 블랙컨슈머들이 기업을 대상으로 저지르는 행위나 수법들은 매우 다양합니다. 대표적인 것이 말도 안되는 요구를 하고 이러한 요구가 받아들여지지 않으면 화를 내거나 협박을 하기도 합니다. 그뿐만 아니라 고의로 하자를 만들어 보상을 요구하는 경우도 다

반사이고, 자신의 뜻이 관철되지 않으면 극단으로 가는 경우도 있습니다. 예를 들어, 화장품 세트를 10개 구매한 뒤 무료체험분을 뺀 뒤 모두 반품을 한다거나 ATM기에서 돈을 인출하려다 모기에게 물려 상처가 났는데 정신적인 피해보상을 해달라고 하는 사람도 있고, 공포영화를 보고 무섭다고 환불해 달라고 하는 경우도 있으며, 최근에는 말도 안되는 서비스를 요구하면서 이를 수용하지 않을 경우 리뷰 테러를 하겠다는 협박을 일삼는 경우도 있습니다.

이러한 비이성적이고 비합리적인 행동은 결국 서로가 이기는 윈윈 (Win-win) 전략이 아니라 무조건 자신은 이겨서 원하는 것을 얻고 상대방은 져서 손해를 보게 하는 고약한 방법이기도 합니다. 따라서 수단과 방법을 가리지 않고 무조건 자신이 목적하는 바를 얻어내는 것이 블랙컨슈머들의 기본 태도이며 이를 위해 다양하고 기상천외한 방법을 지속적으로 고안해냅니다.

그렇다면 이렇게 자신에게만 유리하고 기업이나 기관에 종사하는 직원들에게는 큰 상처를 입히는 블랙컨슈머들의 수법에는 무엇이 있는지 알아볼까요? 아래 수법들은 이들이 가장 많이 사용하는 대표적인 수법이라고 할 수 있습니다.

끝장을 보자며 협박하기

흔히 블랙컨슈머라고 하는 사람들은 극단적으로 문제를 해결하려는 성향이 강합니다. '모 아니면 도'식은 결과야 어쨌든 무엇인지 확실한 것을 선호하는 사람들의 성향이기도 합니다만, 한편으로는 열등감이 강한 사람으로 뭐든지 한 번에 해결해야 한다는 무리수를 두는 경우가 많습니다. 중간에 타협이란 말은 사전에 없는 사람들로 양극화된 사고에 젖어 있어서 문제에 있어서도 '해결해 줘? 못해 줘?'로 직원들을 압박하는 사람들입니다. 따라서 이런 '모 아니면 도'식의 극단적인 입장을 내세우는 사람들은 황당한 주장이나 요구를 하는 경우가 많습니다. 그뿐만 아니라 자신이 불리하다 싶으면 개인을 압박하는 형태로 접근하는 것이 가장 일반적인 형태입니다. 더 이상 잃을 것이 없다고 하며 극단으로 치닫는 것인데 협박 문자를 보내거나 욕설을 퍼붓고 지속적으로 민원이나 불만을 제기하는 것이 이러한 유형의 인간들이 많이 저지르는 행위라고 할 수 있습니다.

대응하는 직원의 감정을 흔들기

협상을 전문적으로 하시는 분들은 흔히들 자신이 원하는 것을 얻으려면 상대방의 감정을 흔들라고 합니다. 이러한 사실은 누구나 알고는 있지만 정도나 선을 넘는 경우는 드문 것이 사실입니다. 그렇지만 블랙컨슈머는 이러한 사실을 너무도 잘 알고 있고 이를 행동으로 옮기는 경우가 많습니다. 순리적으로 또는 이성적으로 말을 해도 될 것은 일단 심할 정도로 소리를 지르거나 위협하기도 합니다. 왜 이러한 수법들을 사용할까요? 제가 위에서도 말씀드렸다시피 자신이 원하는 것을 얻기 위해 하는 행동이라고 보시면 됩니다. 즉, 상대방의 감정을 자극해 분산시킴으로써 자신이 원하는 것을 얻기 위해서 계산된 고도의 행동이라는 것이지요. 소리를 지르게 되면 이를 듣는 사람 입장에서는 이성적인 판단보다는 감정이 앞서기 마련인데 이렇게 되면 응대하는 사람들 입장에서는 이러한 상황을 모면하고자 블랙컨슈머가 원하는 요구를 수용하는 쪽으로 선회한다는 사실을 이용하는 것입니다. 따라서 블랙컨슈머가 감정을 자극하는 것은 감정적인 도발을 통해 본질적인 문제보다는 2차 민원을 염두에 두고 유리한 고지를 선점하려는 전략이라는 점을 잊지 않으셨으면 합니다.

열불 나는 말꼬리 잡기

여러분들은 말꼬리 한 번 잡혀 보신 적이 있나요? 친한 사람과 장난식으로 한다고 해도 그리 유쾌하지 않을 텐데 블랙컨슈머와 진지한 상황에서 아주 작심하고 말꼬리를 잡힌다면 어떨까요? 아마 피가 거꾸로 쏟거나 심하면 죽이고 싶다는 생각도 들 정도로 미칠 겁니다. 대부분 말꼬리 잡는 블랙컨슈머는 큰 것부터 얘기하지 않습니다. 핵심이 되는 주요 문제와는 다른 사소하거나 별개의 문제를 가지고 툭 던지듯이 이야기합니다. 문제는 이러한 과정이 반복되면서 신경은 거슬리고 언성이 커질 수밖에 없죠? 왜 그럴까요? 말꼬리를 계속해서 잡히다 보면 내 자신이 존중받지 못하고 있다는 불만이 계속해서 커져 결국 하지 말아야 할 행동이 나오는 것입니다. 우리 자신의 인격이 과하게 난도질당한다는 느낌도 들 것이고, 회사의 규칙대로 공감이나 호응은 하려고 해도 제대로 작동하지 못하고 자꾸 감정적이 되어 갑니다. 결국은 감정을 건드려서 자신이 원하는 것을 얻으려는 수법이라고 이해하시면 됩니다. 이렇게 말꼬리를 잡는 것은 영혼을 갉아먹는 행위임에 틀림없는데 블랙컨슈머는 이와 같은 행위를 통해 자신이 원하는 바를 얻어내려 한다는 점을 기억하시기 바랍니다.

막무가내 생트집 또는 떼쓰기

우리가 흔히 생트집이라고 하면 아무런 이유나 까닭이 없이 남과 다투려고 트집을 잡는 것을 의미합니다. 블랙컨슈머가 요구하는 것은 결국 '기-승-전-보상'인 경우가 많습니다. 명확한 근거나 사실(Fact)을 바탕으로 불만을 제기한다면 누가 뭐라고 하겠습니까? 그런데 블랙컨슈머는 이러한 근거나 사실이 아닌 억지 주장이나 생트집 또는 떼를 쓰는 경우가 많습니다. 있지도 않은 사실을 가지고 자신이 스스로 만들어 낸 허구나 상상에 떼쓰기 또는 생트집을 잡으니 유쾌할 사람은 없지요. 상식적으로 납득하기 어려운 내용을 가지고 생떼를 쓰면 제대로 응대하기 어렵고 말문이 막히기 마련입니다. 블랙컨슈머도 이를 잘 알고 있음에도 이러한 행위를 지속함으로써 응대하는 직원의 의지를 꺾으려 하고 이렇게 막무가내 생트집과 생떼를 써서 자신이 원하는 보상을 얻어내려 한다는 사실을 기억하시기 바랍니다.

약점을 노린 집요한 공갈 및 협박하기

범죄에 해당하는 것이지만, 이들이 자주 사용하는 수법 중에 하나가 기업의 약점을 잡아 협박하는 것입니다. 보통 협박이라고 하는 것은 '다른 사람에게 어떤 일을 하도록 위협을 가하는 행위' 또는 '겁을 주며 압력을 가하여 타인에게 억지로 어떤 일을 하도록 하는 것'으로 정의하기도 하는데, 이들 블랙컨슈머는 협박을 넘어 옳지 아니한 방법으로 남을 속이거나 정당한 방법이 아닌 수단으로 목적한 바를 얻어내려고 하는 협잡(挾雜) 수준에 이르고 있습니다. 사실이 아님에도 불구하고 기업의 약점을 잡아 협박하는 경우가 그렇습니다. 예를 들어, 단종된 부품을 일부러 고장 낸 후 협박을 통해 보상을 요구하는 경우도 있고, 음료수에 이물질이 들어갔다고 거짓말하면서 이를 빌미로 돈을 요구하는 경우가 대표적입니다.

시간 지체 및 지연시키기

상대방인 직원들의 불안함을 이용하여 양보를 유도하기 위한 수법입니다. 잘 아시다시피 블랙컨슈머가 보상을 받기 위해서 억지 주장을 하거나 트집을 잡게 되면 이를 대응하는 직원들 입장에서는 어쨌든 이를 빨리 해결하거나 해당 상황에서 빠져나오고 싶은 심정일 것입니다. 대부분 불만을 제기하는 고객과의 관계에서 직원들은 약한 존재일 수밖에 없습니다. 따라서 직원들 입장에서 서둘러서 일을 마무리짓거나 해결하고자 하는 심리가 클 수밖에 없는데, 블랙컨슈머는 바로 직원들의 이러한 심리를 역으로 이용하는 것이지요. 시간을 지체하거나 지연시키면 직원들 입장에서는 심리적으로 압박을 느끼기 마련입니다. 또한 시간을 지연하거나 지체하게 되면 오히려 블랙컨슈머의 심리적인 변화가 더욱 부정적인 방향으로 흐르게 될까 봐 걱정하면서 서둘러 일을 마무리 지으려고 하다 보면 일을 그르치는 경우가 있습니다. 이렇게 블랙컨슈머가 시간을 지체하거나 지연을 시키는 행위는 자신이 주도권을 확보하기 위해서 하는 수법이라고 보시면 됩니다.

블랙컨슈머의 수법은 이외에도 폭행이나 폭언 또는 기물파손은 물론 책임자 호출, 무리한 주장 및 요구 등 아주 다양한 형태로 존재합니다. 이들이 위에서 행하는 것을 잘 보시면 한 가지 공통점이 있음을 알 수 있습니다. 모두 이성적인 것은 없다는 것이고, 대부분 상대방의 감정을 자극하거나 도발하여 상대방의 감정이 부정적으로 흐를 때 이를 이용해 우세한 입장에 서려 한다는 것입니다. 잘 보시면 현장에서 기업을 대표해서 대응하는 직원들이 블랙컨슈머에 맞서 해 줄 수 있는 것은 아주 미약합니다. 실제로 블랙컨슈머가 주장하는 것은 말도 안 되는 것들이 대부분이어서 기업의 입장에서 대응해야 하는 것들이 대부분이라고 할 수 있습니다.

그러니 이러한 이들의 수법에 맞서기 위해서는 직원들의 힘만으로는 되지 않으니 자연스럽게 권한위임이라는 것도 나오고 프로세스나 응대 매뉴얼은 물론 민형사상의 조치들이 나오는 것입니다. 제가 드리고 싶은 말은 이러한 블랙컨슈머의 수법에, 접점에 있는 직원들은 절대 흔들리지 말아야 한다는 점입니다. 따라서 향후 블랙컨슈머 교육은 블랙컨슈머의 이러한 수법들로부터 흔들리지 않는 감정 조절이나 스킬에 초점을 맞추어 진행되어야 하며, 매뉴얼이나 기타 접점 직원 보호 프로그램 및 프로세스도 블랙컨슈머의 수법에 맞서 대응할 수 있도록 마련되어야 합니다.

블랙컨슈머 대응을 위해
확보해야 할 매체별 증거 내용

    2016년 대법원에서는 블랙컨슈머와 관련하여 아주 의미 있는 판결을 내립니다. 대기업 프랜차이즈 대리점을 운영하는 점주에게 유통기한이 2개월 넘게 지난 캔디를 판매하였다고 시청에 신고해 영업정지 15일을 받게 만든 블랙컨슈머의 행위에 제동을 건 것입니다.

    대략적인 사건의 내용은 이렇습니다. 2013년 화이트데이를 맞아 블랙컨슈머 A씨는 "P제과점에서 캔디 3통을 판매하였고 이 중 한 통이 유통기간을 경과했다."고 주장하며 구입한 지 사흘 만에 본사에 민원을 제기합니다. 유통기간이 무려 2개월이 경과한 제품을 판매했으니 판매액의 100배에 해당하는 250만 원이라는 거금을 내놓으라고 요구합니다. 기업 입장에서는 이러한 요구를 들어줄 리 만무합니다.

    이에 블랙컨슈머 A씨는 점주를 시청과 경찰에 신고했고, 결국 해당 점주는 15일 영업정지 처분을 받게 되었습니다. 억울한 점주는 A씨를 상대로 재심을 청구했지만 1심과 2심 모두 "A씨가 무리한 보상을 요구했다고 하더라도 점주가 유통기한이 경과한 캔디를 판매한 것은 사실이므로 15일 영업정지는 정당하다."고 A씨의 손을 들어 주었습니다.

1심, 2심 모두 패한 점주는 억울한 심정으로 다시 대법원에 재소를 했는데, 대법원의 판단은 이전과는 달랐습니다. 일반적으로 제품에 문제가 있다면 통상적으로 해당 점포로 가서 교환이나 환불을 요구하는 것이 당연한데 그러한 절차를 거치지 않고 바로 본사에 보상을 요구했다는 점과 해당 상품의 경우 유통기한 경과 시 본사가 전액 환불하는 상품이라는 점, 그리고 2013년 화이트데이 두 달 전 본사에서 위생점검을 실시해 유통기한이 3달 경과된 제품이 남아 있을 가능성이 희박하다는 점을 들어 다시 심리하라고 원심법원에 환송 판결을 내린 것입니다.

대법원의 환송 판결이 의미하는 것은 단순히 소비자 항의와 주장만을 가지고 영업정지 처분을 내리는 것은 부당하며, 따라서 블랙컨슈머라는 가능성을 열어 놓고 충분한 심리를 거쳐야 한다는 점을 분명히 했다는 것입니다. 과거에는 상대적으로 약자의 위치에 있다라고 할 수 있는 소비자의 주장이나 항의를 그대로 받아들여 판결을 내리는 경우가 많았습니다. 그런데 소비자라는 탈을 쓰고 악성 민원을 제기해서 부당한 이득을 취하려는 블랙컨슈머로 추정되는 고객의 일방적인 의견이나 주장 및 진술보다는 전체적인 정황이나 맥락을 고려해서 판결해야 한다는 점을 명확히 해서 엉뚱한 피해를 입지 않도록 했다는 점은 시사하는 바가 크다고 할 수 있습니다.

그렇다면 이렇게 말도 안 되는 억지 주장을 하는 블랙컨슈머에 맞대응하기 위해서는 어떻게 해야 할까요? 맞대응뿐만 아니라 이들의 억지 주장에 대해서 우리는 어떻게 대처해야 할까요? 이미 여러분들도 잘 아시겠지만, 모든 일이 그렇듯 초기 대응이 매우 중요합니다. 이미 우리는 세월호나 메르스 사태뿐만 아니라 세계 곳곳에서 벌어지는 여러 가지 사고와 사건을 접하면서 초기 대응의 중요성을 아무리 강조해도 지나치지 않음을 알 수 있습니다.

초기 대응 가운데 가장 확실한 방법 중 하나가 바로 증거 자료를 확보하는 것입니다. 꼭 소송이 아니라고 하더라도 증거 자료는 블랙컨슈머와 대응할 때 가장 강력한 무기가 되기 때문입니다. 아래 내용은 블랙컨슈머와 대응 시 반드시 파악해야 할 내용과 매체별로 확보해야 할 내용들을 정리한 것입니다.

블랙컨슈머 대응을 위해 파악해야 할 내용과 확보해야 할 매체별 증거 내용

구분	구체적인 내용
파악해야 할 내용	■ 고객 불만의 대상 및 경중(輕重) ■ 고객의 주장에 근거가 되는 사실(Fact)이나 정황 ■ 힘의 근원이 무엇인지 파악(권위, 지위, 정보, 지식, 잘못된 대응 등) ■ 고객 요구 사항 파악(보상, 교체, 환불, 사과, 수리, 회수, 판정, 교환 등)
매체별 증거 내용	■ 비대면의 경우 녹취 내용 및 대응 이력 ■ 사진 또는 동영상 등 자료 확보 ■ 오프라인에서 작성된 문서의 경우 관련 내용 누락에 주의하고 원본 확보 ■ 오프라인의 경우 녹화(CCTV) 및 녹취 자료 확보 ■ 인터넷이나 SNS 게시글 캡처 및 출력 후 보관 ■ 편지나 이메일이나 문자 메시지, 메모, 약관 등 ■ 내용증명 및 배달증명 내용이 포함된 문서 ■ 신체적인 피해에 대해서는 진단서 및 소견서 확보 ■ 목격자의 증언이나 진술 내용 녹음, 서면진술서 확보 ■ 사건이 일어난 당시의 상황을 기록한 기록물(심정, 피해 상황 등) 외

위에서도 보는 바와 같이 블랙컨슈머의 악성 행동에 대해 확보해야 할 증거물들은 매우 다양합니다. 현장에서 증인을 확보하여 진술하게 하는 것이 가장 효과적이고 확실한 방법이지만, 상황에 따른 변수 발생 등으로 인해 불편함을 초래할 수 있으므로 가급적이면 CCTV나 대화 내용을 녹음하는 것이 가장 바람직하고 무리가 없는 방법이라고 할 수 있습니다.

CCTV 녹화나 콜 녹취는 향후 블랙컨슈머 대응 시 강력한 증거물로 활용할 수 있으며, 원칙에 의거해 민원을 처리하거나 해명은 물론 설득 등의 다양한 노력을 했음에도 불구하고 지속적으로 과격한 언행이나 폭력을 행사하거나 언론 유포를 통한 협박 및 성희롱 등 비정상적인 행위가 발생했을 때 유용한 자료로 활용이 가능합니다.

대표적인 비대면 채널인 콜센터의 경우 100% 블랙컨슈머와의 통화가 녹음되니 문제가 없으나, 직접 대면을 해야 하는 채널의 경우 해당 고객을 CCTV가 있는 곳으로 안내를 유도하거나 녹취가 가능한 곳으로 유도하는 것도 한 가지 방법입니다. 블랙컨슈머와의 통화에 대한 법적 문제는 나중에 자세히 알아보도록 하겠습니다.

그렇다면 녹취나 녹화를 할 때 반드시 파악해야 할 내용들은 무엇일까요? 먼저 녹취를 할 경우, 해당 블랙컨슈머가 불만으로 여기는 대상은 무엇(혹은 누구)이고 회사 내부 규정상 불만 경중을 따져 보아야 합니다. 불만의 정도가 가벼울 경우와 심각할 경우의 대응 방법이 달라지기 때문입니다.

또한 블랙컨슈머의 주장에 근거가 될 만한 사실이나 정황은 무엇인지를 파악하는 것이 중요한데, 그들이 말도 안 되는 주장을 하게 되는 힘의 근원이 무엇인지를 파악하는 것입니다. 예를 들어 권위나 지위, 지식 또는 정보, 직원의 태도 등을 파악하는 것이지요. 응대를 하다 보면 그들이 떳떳하게 주장하는 이유나 근거 또는 정황이 드러나기 마련입니다. 이와 함께 해당 블랙컨슈머가 주장하는 내용과 구체적인 요구 사항을 파악해야 합니다. 불만 고객뿐만이 아니라 블랙컨슈머가 요구하는 사항들은 매우 다양하므로 이를 코드화하거나 분류해서 데이터화하는 것이 바람직합니다. 이러한 데이터가 쌓이면 추후에 분석을 통해 VOC사전 예보제에 활용하거나 블랙컨슈머 대응 시 적절한 대안을 제시하는 도구로 활용할 수 있습니다.

블랙컨슈머 대응 시
증거부터 확보해야 하는 이유

앞에서 우리는 블랙컨슈머에 대응하기 위해서 확보해야 할 매체별 증거 내용과 파악해야 할 내용에 대해서 알아보았습니다. 증거물을 확보한다고 하면 대부분 블랙컨슈머의 행위나 그들이 주장하는 사실이 진실인지 여부를 판단하기 위해서 필수적이라고 생각하는 것 같습니다. 그렇지만 블랙컨슈머의 행위나 주장의 진실 여부 판단 외에도 다양한 목적을 위해서 증거물을 확보해야 한다는 점을 말씀드립니다. 그렇다면 이번에는 블랙컨슈머로부터 증거물을 확보해야 하는 이유는 무엇인지에 대해서 좀 더 자세하게 알아보도록 하겠습니다.

아시다시피 블랙컨슈머의 경우 침소봉대하거나 말도 안 되는 억지 주장을 하는 경향이 많습니다. 음식물이 변했다고 환불을 요구하거나 임산부가 종업원을 때려 놓고 오히려 폭행을 당했다고 이를 커뮤니티에 올려 프랜차이즈 식당을 문 닫게 한 경우도 있습니다. 게다가 요즘처럼 진위와는 상관없이 SNS에 교묘하게 감성을 팔아 부정적인 여론을 무기로 보상을 요구하거나 기업을 궁지에 빠뜨리는 경우가 사례가 늘고 있습니다. 대표적인 사례가 디어마이펫 사건이 아닐까 싶습니다.

자신의 남자 친구의 반려견이 디어마이펫의 사료를 먹고 죽었다는 것을 감성적인 스토리와 함께 SNS에 올려 공유하였습니다. 이로 인해 회사는 사과를 하고 보상을 약속했습니다. 그러나 해당 회사가 각기 다른 6개의 국가 기관에 의뢰해서 84개 항목을 조사한 결과, 해당 회사 사료에는 유해성분이 검출되지도 않았고 이에 따라 해당 사료가 반려견의 이상 증상 및 사망을 초래하는 것은 불가능하다는 사실을 기관으로부터 받아 냈습니다. 그뿐만 아니라 해당 글을 SNS에 올린 게시자는 "반려견의 사망 시점과 사료 급여 시점이 우연히 일치했을 뿐, 객관적으로 확인된 바는 없다."라며 발을 뺐고, 법적 조치를 진행하는 과정에서 소송 내용에 대해 어떤 반론도 제기하지 않고 혐의 사실을 모두 인정하여 벌금형을 선고받은 사례입니다.

기업 입장에서는 이렇게 블랙컨슈머의 침소봉대 또는 자신에게 유리한 주장을 펼칠 수 있는 상황을 미연에 방지하기 위해서 증거물 확보는 필수라고 할 수 있습니다. 누구나 조금씩 부풀려서 얘기하는 경향이 있으나, 블랙컨슈머의 경우 그 정도가 심하니 미리 증거물을 확보한다면 불미스러운 사태를 미연에 방지할 수 있겠지요.

이외에도 증거물을 확보할 경우, 고소·고발 시 범죄를 입증하는 데 중요한 증거가 된다고 앞서 말씀드렸습니다. 우리나라는 법관의 양심적인 자유를 인정하고 허용하는 자유심증주의를 채택하고 있지만, 너무 허용할 경우 올바른 재판을 할 수 없다는 판단하에 법률이 정한 증거 방법을 사용하여 증거 자료로 채택하고 그 채택을 근거로

'해당 사실을 인정해야 한다'는 법정증거주의도 일부 채택하고 있습니다. 드라마나 영화를 보면, 아주 강력한 유죄의 심증을 가지고는 있지만 자백 말고는 별다른 증거가 없을 경우 유죄 판결을 내리지 못하는 경우가 있지 않습니까? 그럴 때를 대비해서 미리 증거 자료를 확보해 놓는 것이 유리합니다.

또한 증거물을 확보해 놓으면 블랙컨슈머의 협박을 막을 수 있습니다. 잘못을 저질러 놓고 오히려 큰소리를 치거나 협박을 하는 사람들에게 효과적으로 대응할 수 있습니다. 가끔 자신이 잘못해 놓고 콜센터에 전화해서 "증거를 제시하라"고 큰소리치는 사람들이 있습니다. 콜센터의 경우 대부분 녹취가 되기 때문에 쉽게 증거물을 제시할 수 있지만, 직접 고객과 대면하는 접점에서는 한계가 있습니다. 이럴 때 핸드폰을 통해 녹음하거나 메모 또는 CCTV를 통한 녹화, 현장에 있던 증인을 확보하는 것도 한 가지 방법입니다.

다음으로 증거를 확보하려는 노력은 블랙컨슈머의 주관적이고 추상적이며 대부분 추측이나 일방적인 진술일 가능성이 높은 이들의 주장에 대해서 객관적인 맞대응이 가능합니다. 그들의 말도 안되는 주장에 대해서 추측이 아닌 객관적인 사실에 근거한 구체적인 근거를 가지고 대응을 하게 되면 무조건 끌려 다니는 것이 아니라 주도권을 가지고 대응할 수 있다는 것이죠. 만일 이들의 선 넘는 행위가 지속될 경우 법적 대응을 하기 위해서라도 법적 효력을 지닌 증거를 일단 확보하는 것이 중요합니다. 이러한 증거를 확보하는 행위는 위에서 언급한대로 형사 및 민사소송을 진행할 때 중요한 정황적 증거가 된다는 사실을 기억하셔야 합니다.

마지막으로 확보한 증거물을 내부 교육 교재로 활용이 가능하다는 점입니다. 하루에도 몇 차례씩 발생하는 블랙컨슈머 사례를 축적하고 데이터화함으로써 유형별·상황별 응대 매뉴얼을 개발할 때 활용할 수 있으며, 공유를 통해 블랙컨슈머 대응을 위한 선제적인 대응(Proactive action)을 할 수 있습니다. 어느 계절(Seasonality)이나 특정 월(Month)이나 특정 행사(Event)에 발생하는 블랙컨슈머의 행위나 사례를 공유하고 분석하여 다양한 용도로 활용이 가능합니다.

증거물을 확보해야 하는 이유와는 약간 다르지만 증거물을 확보하는 과정에서 얻을 수 있는 이점도 있습니다. 만약 블랙컨슈머를 응대하는 과정에서 증거물을 확보하는 과정이 있다면, 그 자체만으로도 블랙컨슈머로 하여금 극단적인 단어 사용을 스스로 자제하게 하는 효과가 있습니다. 이미 녹취 또는 증거 자료를 확보하기 위한 상황이나 분위기가 조성되고 있는 상황에서는 블랙컨슈머라도 신중한 자세를 유지할 수밖에 없겠지요.

이렇게 증거물을 확보해야 하는 이유를 설명했는데 이해는 잘 되셨나요? 다른 것은 모르겠지만 어쨌든 블랙컨슈머와 조우(?)하게 되면 증거물부터 확보해야 한다는 점은 명확히 인식하셨으면 좋겠습니다.

블랙컨슈머 대응 시
현장에서 증거 수집 및 확보 지침

　앞에서 우리는 현장에서 근무하는 직원들이 블랙컨슈머를 응대할 때 주의하여야 할 사항들에 대해서 알아보았습니다. 현장 직원들이 현장에서 해야 할 것들과 하지 말아야 할 것들은 물론 일반 선량한 고객과 블랙컨슈머는 본질적으로 다르기 때문에 응대할 때도 고객만족(CS)적인 차원과 위험 관리 차원을 구분하여 대응해야 한다는 점을 강조하였습니다.

　또한 현장에서 근무하는 직원들의 경우, 조직에서 의사결정을 할 수 있는 위치에 있지도 않기 때문에 블랙컨슈머 대응에 있어서는 규정과 절차에 입각하여 제대로 된 서비스를 제공하기 위해 노력해야 한다는 점도 강조하였습니다. 있지도 않은 규정과 절차에 입각해서 블랙컨슈머에 대응하는 것은 명백한 월권행위라고 할 수 있습니다. 이러한 행위는 현장 직원들뿐만 아니라 회사 차원에서도 대응을 어렵게 만드는 요인이므로 특히 주의가 필요합니다.

　그러나 현장에서 블랙컨슈머를 응대할 때 가장 중요한 것은 바로 증거를 확보하는 것이라는 점을 다시 한번 강조합니다. 앞장에서 필자는 블랙컨슈머로부터 증거를 확보해야 하는 이유를 5가지로 요약에서 정리하였습니다. 블랙컨슈머의 협박이나 위압을 방지하기 위해서 증거를 확보하는 것도 있지만 블랙컨슈머의 말도 안 되는 거짓말이나 억지주장을 미연에 방지하기 위함도 있습니다. 이외에도 고소 및 고발을 통한 범죄를 입증하는 데 객관적인 자료로 활용할 수 있기 때문에 블랙컨슈머를 응대할 때 반드시 증거를 확보해야 합니다.

아시다시피 우리나라는 법정증거주의를 채택하고 있습니다. 즉, 이 말은 증거의 증명력에 관하여 반드시 법률이 정한 증거 방법을 사용하여 증거 자료를 채택하고 이에 따라 사실을 인정해야 한다는 것을 의미합니다. 결국 법률조항상 아무리 심증이 있다고 하더라도 확실한 물증이 없으면 죄를 물을 수 없으며, 블랙컨슈머의 악의적인 태도나 행위에 대해서 객관적이고도 확실한 증거가 없으면 죄를 묻기 어렵습니다.

정리하자면, 현장에서 증거를 수집 및 확보하는 것은 사후 대처를 위해서 반드시 필요한 행동이므로 블랙컨슈머를 응대할 때 아래 설명하는 지침들을 명확하게 이해 및 숙지하시기 바랍니다. 그래야 현장 직원들은 물론 조직이 블랙컨슈머의 억지주장이나 피해를 침소봉대해서 보상을 받아 내려는 그들의 의도나 행위에 대해서 체계적으로 대응할 수 있습니다.

먼저 고객을 특정할 수 있는 자료를 확보하는 것이 중요합니다. 불특정 다수가 아닌 해당 고객임을 특정할 수 있는 관련 자료로는 전화(번호), 고객 카드나 영수증, 사진 또는 영상, 주고받은 문자나 톡(Talk)

또는 문서 등이 대표적입니다. 특히 전화의 경우 수신을 차단하기보다는 해당 고객이 전화를 했다는 사실이나 증거를 확보할 때까지는 참아야 합니다. 전화 통화 목록의 경우 시간이 지나면 사라지는 경우도 있으므로 캡처해서 보관해야 합니다. 이와 같이 블랙컨슈머의 전화를 받을 경우에도 향후 다루게 될 EAR기법이나 특히 BIFF기법을 통해 대응하는 것이 바람직합니다.

또한 문자나 톡 또는 메일의 경우 시간이 지나면 파일의 크기로 인해서 유효기간을 설정해 두는 경우도 있으므로 미리 파일을 백업해 두는 것이 좋습니다. 최근 정보통신망법 위반과 관련하여 스팸 처리를 하여 스팸문자함이나 스팸메일함에 있는 경우라고 하더라도 피해자에게 도달한 것으로 본다는 취지의 대법원 판례가 있으니 참고 바랍니다.

다음으로 현장의 상황을 설명할 수 있는 물증을 확보하여야 합니다. 물증 확보와 관련하여 가장 일반적인 것이 녹취 자료나 CCTV입니다. 녹음과 관련하여, 블랙컨슈머 당사자와의 대화가 이루어졌다면 사전에 고지하지 않고 녹음하는 것은 불법이 아니므로 가급적 녹음을 통해 증거를 확보하는 것이 좋습니다. 이외에도 CCTV를 통한 증거를 확보하는 것이 가장 확실한 방법입니다. 왜냐하면 영상을 통해 정확한 현장 상황을 파악할 수 있고 블랙컨슈머를 응대할 때 전후 직간접적인 증거를 확인할 수 있기 때문입니다. 다만 CCTV의 경우 일정 시간이 지나면 확보하지 못하는 경우도 발생할 수 있으므로 해당 영상분을 백업을 통해 최대한 CCTV 영상을 확보하는 것이 바람직합니다.

또한 블랙컨슈머의 행위를 영상으로 촬영하는 것은 불법 아니냐며 촬영하는 것을 꺼리는 분들도 계신데, 실시간으로 발생한 블랙컨슈머의 가해행위를 촬영하는 것은 상대방의 동의를 얻지 않는다고 하더라도 초상권 침해에 대한 위법성이 조각된다는 판례*가 있으므로 사안이 긴급한 경우 촬영을 한다고 해도 문제가 되지 않습니다. 여기서 위법성의 조각이라는 말은 형식적으로는 그러한 행위 자체는 분명 법률에 반하는 것이 맞지만 실질적으로는 범죄 또는 위법으로 인정하지 않는 것을 의미합니다.

생각해 보면 바로 직원 앞에서 가해행위를 하고 있는 블랙컨슈머에게 동의를 얻는다는 것이 쉬운 일도 아닐뿐더러 동의해 주지 않을 것이 분명하기 때문입니다. 상대방이 욕설은 물론 폭력을 행사할 가능성이 있고, 법적인 절차와 관련해 증거를 수집 또는 보전하였다면 촬영을 해도 무방하다고 보는 것입니다. 형사 절차상 증거 보전의 필요성은 물론 사안이 긴급하고 방법의 상당성이 인정되면 법에 위배되지 않는다고 보는 것이죠.

여기서 주의할 것은 증거 수집을 위한 용도라면 어떠한 경우나 상황에서도 상대방의 초상권을 침해하거나 무시해도 된다는 것이 아니라는 점입니다. 어떠한 경우라도 증거 수집이 초상권보다 우선한다는 의미가 아니라 증거 수집의 필요성, 수단 그리고 방법이 적정한 선에서 이루어져야 한다는 것을 의미합니다. 이 부분도 향후 출간되

---

*   대법원 2021. 4. 29 선고 2020다227455 판결, 〈초상권 침해와 관련하여 위법성이 조각되는 사유〉

는 책을 통해 자세히 다루도록 하겠습니다.

다음으로 증거 자료를 확보하지 못했다면 증인을 확보하도록 합니다. 만일 녹음이나 녹화 또는 해당 블랙컨슈머를 특정할 수 있는 증거 자료를 확보하지 못했다면 주변 목격자를 증인으로 확보하는 것도 한 방법입니다. 동료 직원이나 일반 고객이라고 하더라도 무방합니다. 보통 증인이라고 하면 해당 사건을 목격 또는 경험한 사실을 진술할 수 있는 사람들을 의미하는데, 진술서와 같이 서면에 의한 것도 중요한 증거물증이 될 수 있습니다.

보통 증인을 통한 사실확인서가 대표적인데, 사실확인서는 그 자체만으로도 독립된 증거로서 가치를 지니며 만약 재판에 출석할 경우 물적 증거와 함께 설득력 있는 주장을 뒷받침할 수 있는 증거가 될 수 있습니다. 무조건 사실확인서 작성 후 증인의 도장을 찍는 것으로 끝나는 것이 아니라, 사실관계를 충분히 확인할 수 있는 객관적인 내용이 포함되어야 하며 증인이 전후 사정에 대해서 알게 된 경위는 물론 사실확인서를 작성하게 된 경위가 포함되어야 합니다.

확인서를 증인에게 요청을 할 때는 반드시 육하원칙에 의거해서 작성할 수 있도록 하되, 중요한 것은 시간의 순서대로 간결하게 핵심 위주로 작성해야 한다는 점입니다. 시간의 흐름 및 순서대로 작성하는 것이 해당 사실을 입증하는 데 중요하므로 일단 증인이 핵심적인 사항에 대해서 간략하게 요약하거나 메모한 후에 전후 관계를 따져가면서 작성하게 하는 것이 효율적이고 정확한 방법입니다.

이외에도 증거 자료나 증인을 확보하지 못했다면 해당 고객과 발생했던 일들에 대해서 업무일지를 작성하고 이를 보관하는 것도 한 가지 방법입니다. 예를 들어 해당 고객을 응대하는 과정에서 발생한 일은 무엇이고 그 당시 자신의 느낌이나 생각 등을 정리하는 것입니다. 발생 일자나 시간, 주요 내용은 물론 해당 행위에 대한 내용을 구체적으로 수치화하는 것이 필요합니다. 예를 들어 욕을 했다면 욕의 횟수나 어떤 유형의 욕을 했는지, 협박을 했다면 협박 횟수는 물론 구체적으로 어떻게 협박했는지에 대해 작성하는 것입니다. 이러한 업무일지는 증거자료로도 활용할 수 있지만 향후 해당 고객을 응대할 때 추측이 아닌 일관성을 유지할 수 있고 해당 고객의 말도 안 되는 주장을 반박할 수 있는 자료로도 활용할 수 있습니다.

만약 폭행을 당했다면 진단서나 현장에 있던 목격자로부터 사실확인서 등을 자료로 제출할 수 있습니다. 진단서의 경우 의사가 진찰하거나 검사한 결과를 종합하여 환자의 건강 상태를 증명하기 위해 작성한 의학적인 판단 자료입니다. 따라서 폭행을 당했다면 진단서를 확보하는 것이 가장 확실한 방법입니다. 어떤 분들은 소견서는 어떻냐고 물어보시는 분들도 계십니다.

소견서는 말 그대로 환자의 증상 또는 치료 경과 및 향후 소견 등의 내용을 기록한 문서로 상급병원으로 옮길 때 의사가 써 주는 것이 대부분이며 비용이 들어가지 않는 것이 특징입니다. 이렇게 진단서 발급 비용보다 싸거나 무료로 발급한다는 이유로 소견서나 진료확인서를 진단서를 대신하는 경우가 많습니다. 물론 소견서도 의사가 타인을 진료하고 습득하게 된 의학적 경험이나 판단이 서식이 다르다고 해서 달라진다고 보지 않기 때문에 법적으로는 진단서나 상해진단서와 같은 효력을 갖기는 하지만, 좀 더 확실한 사실을 확보할 목적으로 진단서를 확보하는 것이 좋습니다.

다음으로 동료 직원의 경우도 사후 상황과 관련하여 증거를 확보하기 위해 노력해야 합니다. 앞서 설명드렸다시피 블랙컨슈머의 행위에 대해서 다른 직원들은 방관자의 입장에 머물러서는 안 됩니다. 동료를 보호하는 것은 물론 조직의 체계적인 대응을 위해서라도 반드시 증거를 확보하기 위한 노력을 해야 합니다. 특히 신체 가해 및 기물 파손은 물론 욕설이나 폭언 등 다양한 가해행위에 대해서 패해 정황을 정확하게 기록하고 사진 및 영상을 확보하는 것은 필수입니다. 이를 위해 사전에 역할을 분담하고 해당 행위가 발생했을 때 적극적으로 증거를 확보하기 위한 노력을 해야 합니다.

그뿐만 아니라 관리자는 주변 동료들에게 해당 사실을 알리고, 전담조직이나 관리자에게 연락하여 해당 사항을 보고하며 상의를 통해 어떻게 대응해야 할지 의사결정이나 지침이 나오면 이를 실행에 옮길 수 있어야 합니다.

마지막으로, 증거를 확보했다면 개인이 보관하는 것도 좋지만 위험 관리 차원에서 반드시 전담조직(법무팀이나 고객지원팀 등)에서 관리할 수 있도록 하는 것이 중요합니다. 증거 자료를 백업하려는 목적도 있지만 개인이 보관할 경우 분실이나 향후 필요할 때 효율적으로 대응하기 어렵기 때문입니다. 따라서 증거 자료를 확보한 후에는 개인이 보관하는 것은 물론 전담부서에 해당 증거 자료를 제출 또는 보관을 통해 향후 체계적인 대응 자료로 활용하는 것이 바람직합니다.

전담부서에서는 확보된 증거 자료나 증거물과 관련하여 기록을 해 두어야 하며, 변색 또는 변경 및 오염이나 부패 등의 위험이 있는 물건의 경우에 대해서는 사전에 사진이나 영상으로 촬영하여 향후 제출한 증거물이 동일한 것인지를 증명하여야 합니다. 따라서 증거를 수집하는 것에서 끝나는 것이 아닌 관리 및 보관, 처리 등에도 신경을 써서 증거 자료나 증거물을 원형 그대로 보존하고 유지하여 객관적인 가치가 훼손되지 않도록 조치를 취해야 합니다.

블랙컨슈머 대응력 향상을 위해 갖추어야 할 태도와 자세(Mind set)

블랙컨슈머와 대응하는데 "무슨 준비가 필요해!"라고 말씀하시는 분들이 계실 것이라 생각합니다. '유비무환'이라는 말도 있고 '지피지기면 백전백승'이라는 말도 있듯이 블랙컨슈머와 제대로 맞대응을 하려면 미리미리 준비하는 것이 낫습니다.

블랙컨슈머를 응대하는 데 있어 가장 기본이 되는 자세는 아무래도 '역지사지'의 태도가 아닐까요? 지금 자신이 응대하고 있는 사람을 무조건 블랙컨슈머로 단정짓고 대응하기보다는 고객의 입장에서 그들의 문제를 봐야 합니다. 명백한 팩트나 기준에 입각하지 않고 처음부터 블랙컨슈머라고 단정짓고 대응을 하게 되면 문제 해결이 어렵습니다. 게다가 명백하지도 않은 상태에서 대립해 봤자 좋을 것이 없으니, 가급적 상대방의 입장을 이해하는 것이 바람직합니다.

여기서 상대방의 입장을 이해한다는 것은 상대방이 화난 감정에 대해서 이해하라는 것이지, 절대 그 사람의 주장이나 의견에 공감한다는 의미가 아니라는 점은 확실히 해둘 필요가 있습니다. E·A·R 기법에서 가장 많이 쓰는 것이 바로 '공감'인데, 공감과 함께 상대방에 대한 경청을 통해 문제 해결의 단서나 실마리를 파악하는 것이 중요합니다. 자세한 사항은 E · A · R기법에서 다루고 있으니 참고하시기 바랍니다.

그리고 두 번째는 시스템의 힘이 필요하긴 합니다만, 블랙컨슈머의 유형을 파악하는 능력을 키우거나 활용하는 것입니다. 단순 컴플레인이나 클레임인지 아니면 좀 더 심각한 유형의 고객인지를 파악하는 것입니다. 보통 기업에서 정형화된 데이터나 비정형화된 데이터를 통해 불만 고객의 유형을 파악해서 대응하는 것처럼, 블랙컨슈머에 대한 선행정의를 토대로 이들 유형을 파악하는 것이 중요합니다. 상대가 누구냐에 따라 대응하는 전술이 달라질 수 있기 때문입니다. 따라서 기업에서는 사전에 블랙컨슈머에 대한 정의가 명확하게 규정되어 있어야 합니다. 아직 국내에서는 클레임과 블랙컨슈머를 명확하게 구분하기에는 한계가 있지만 적어도 블랙컨슈머라고 규정지을 수 있는 자체 기준을 가지고 블랙컨슈머를 정의하여야 하며, 정의된 블랙컨슈머의 기준에 따라 유형화하고 체계적으로 응대 지침을 마련하여 대처하는 노력이나 자세가 필요합니다.

다음으로는 블랙컨슈머를 대응하는 데 있어 가장 중요한 것이 바로 감정을 통제하는 것입니다. 대부분 블랙컨슈머는 자신이 원하는 것을 얻기 위해 감정을 자극하는 경우가 많습니다. 따라서 감정에 휘둘리지 않도록 조심해야 합니다. 일단 감정에 휘둘리면 실제적인 문제 인식이나 합리적인 사고를 방해해서 자신이 원하는 대로 상황을 주도하지 못하고 역으로 블랙컨슈머에 이끌려 다니는 상황에 직면할 수 있습니다. 즉, 상황을 주도적으로 통제하고 이끌어야 나가야 함에도 불구하고 역으로 감정에 휘둘리면 상대방으로부터 공격을 당할 가능성이 높기 때문에 감정에 휘둘리지 않는 것이 중요합니다. 이때를 대비해 감정을 다스리기 위한 호흡법이나 분위기를 전환하는 기술 또는 역질문과 같은 상황을 주도하기 위한 응대 스킬을 익혀 놓는 것이 중요합니다. 또한 고객 응대에 있어 잠시 상황을 되돌리거나 상호 대립적인 감정을 식히고 멈추고 다시 응대할 수 있도록 냉각 시간(Cooling time)을 갖는 방법을 익히는 것도 필요합니다.

또 블랙컨슈머에 제대로 대응하기 위해서는 무엇이 필요할까요? 협상 스킬이나 체계적인 응대를 위해 필요한 정보를 사전에 습득하는 것이 좋습니다. 최근에는 협상이라는 것이 상대방의 심리나 감정을 읽어 내고 이를 적절하게 활용하는 방향으로 진화하고 있습니다. 따라서 블랙컨슈머의 의도에 넘어가지 않기 위해 필요한 협상기법을 익히는 것이 중요합니다. 예를 들어 블랙컨슈머가 자주 쓰는 수법을 이해하고 그러한 수법에 어떻게 대응해야 하는지를 학습하여야 하며, 감정을 자제하는 방법을 익히는 것이 좋겠습니다. 또한 각 협상 및 응대를 할 때 각 단계별로 확보해야 할 자료나 정보는 무엇인지를 사전에 이해하는 것도 중요합니다. 예를 들면, 각종 응대 시 법률 및 감정노동자보호법, 소비자분쟁해결제도, 소비자피해보상규정 및 약관상 내용과 함께 소송으로 가기 전 내용증명이나 배달증명을 보내는 방법을 사전에 알고 있으면 협상은 물론 응대 시 유리하겠지요. 물론 본인이 직접 내용증명을 보내거나 법적 대응하는 것이 아니라 회사가 조치를 취할 수 있도록 해당 지식이나 정보를 습득하는 것이 중요하다는 말씀을 드립니다.

다음으로 블랙컨슈머가 요구하는 사항이 무엇인지 파악하고, 주요한 사항에 대해서는 메모 또는 증거를 확보하는 것입니다. 상대방의 요구가 무엇인지를 신속하게 파악하는 것이 응대 시간을 줄일 수 있고 문제 해결을 쉽게 하기 때문입니다. 이때 상대방의 요구 조건이라는 것은 보상, 교체, 환불, 사과, 수리, 회수, 판정 등 다양합니다. 이러한 요구 조건을 데이터화해서 활용하는 것도 바람직합니다. 시계열 분석이나 연관분석을 통해 요구 조건이 자주 일어나는 시기나 기간을 파악하고, 어떠한 요인에 의해서 발생하는지를 판단할 수 있기 때문입니다. 이와 함께 혹시 모를 상황에 대비해 녹취나 녹화를 하거나 문자 또는 메모, 이메일과 같은 것을 통해 문서화하는 것이 바람직합니다.

이와 함께 중요한 것이 바로 문제 해결에 집중하는 것입니다. 블랙컨슈머를 응대한다는 것은 일종의 전쟁이라고 할 수 있습니다. 자칫 정신줄 놓다가는 속수무책으로 당하기 마련입니다. 따라서 자신이 가진 모든 자원이나 자신의 역량을 문제를 해결하는 데 집중해야 합니다. 예를 들어 블랙컨슈머의 태도나 수법, 감정 같은 것은 문제 해결을 방해하는 요소이기도 하므로 위에서 언급한대로 이러한 방해 요소에 현혹되지 않고 문제 해결의 본질이 무엇인지에 집중하여야 한다는 말씀입니다.

그리고 블랙컨슈머와 대응할 때는 혼자가 아닌 조직적으로 대응해야 합니다. 일반적으로 기업에 속해서 일하는 직원들은 기업의 울타리 안에서 기업의 보호를 받는다고 하지만, 실제로 블랙컨슈머가 공격할 경우에는 철저하게 개인적인 관점에서 해결하는 경우가 많습니다. 반면에 사회적으로 고객은 약자, 기업은 강자로 인식되는 경우가 많고 다양한 수단을 통해 개인과 개인이 연대를 하여 강력한 힘을 발휘하기도 합니다.

이러한 상황이나 환경이 조성되면 오히려 약자는 '고객'이 아닌 오히려 '직원'이 됩니다. 약자 코스프레를 하는 고객은 억지 주장과 함께 웹(Web), 앱(App), SNS, 전화, 공공기관 등 다양한 수단을 통해 직원들을 괴롭히기도 합니다. 결국 이들의 다양한 공격에 속수무책으로 당할 수밖에 없는 사람은 '직원'인 것입니다.

이렇게 궁지에 몰려 있는 직원들을 구할 수 있는 사람들도 결국 조직에 속해 있는 직원들일 수밖에 없습니다. 따라서 문제가 발생하면 혼자 해결하려 하지 말고 주위 동료나 관련 부서에 도움을 요청하는 것이 바람직합니다. 직장에서의 직원들과의 연대는 고객의 연대와 마찬가지로 강력한 힘을 발휘합니다. 전쟁터에서 전우가 중요하듯이 블랙컨슈머와 대응하고 있을 때 옆에 직장 동료가 같이 있어 주는 것만으로도 정서적 위안은 물론 심리적 지지를 받을 수 있습니다. 위에서 고객 만족도 중요하지만 요즘은 위기 관리(Risk Management) 차원에서 대응해야 한다고 말씀드렸다시피 블랙컨슈머에 대한 대응 차원에서 주변 동료들과 협력을 통한 연대는 매우 중요합니다.

여기서 '연대'라고 하는 것은 단순히 옆에 있어 주는 것에 국한되는 것이 아니라, 블랙컨슈머 대응 시 역할 분담을 통해 앞에서 벌어지는 내용을 기억하고 정리해서 '증인'이 되어 줄 수 있어야 합니다. 예를 들어, 스마트폰이나 녹음기를 통해 대화 내용을 녹음하거나 중요한 내용을 기록하는 등의 활동을 통해 정황적 증거를 확보하는 역할도 수행해야 합니다.

사실 위와 같이 대응하려면 조직 분위기나 대응 방식 또는 절차가 명확히 수립되어 있어야 합니다. 그러나 블랙컨슈머로부터 직원이 당하고 있을 때 단호하게 대응해야 함에도 불구하고, 원칙 부재는 물론 불분명한 조치를 취하거나 심한 경우 직원에게 모든 잘못을 돌리게 되면 체계적으로 대응하기 어렵습니다. 오히려 사기를 저하시켜 블랙컨슈머에 당당히 맞서기보다는 블랙컨슈머가 요구하는 것을 제공하거나 차별적인 대우를 하게 되어 먹이가 되기 쉽습니다.

이뿐만 아니라 회사의 이미지 때문에 직원의 희생을 강요하거나 적절한 권한위임을 제공하지 않으면 결국 '폭탄 돌리기'가 진행될 것이고, 쉬쉬하는 조직 분위기 때문에 오히려 대응을 어렵게 하는 장애 요소로 작용할 가능성이 높습니다.

과격하거나 흥분한 블랙컨슈머 대응 :
E·A·R 기법

흔히 감정노동을 떠올리면 빠지지 않고 등장하는 인물이 바로 블랙컨슈머입니다. 다양한 유형으로 존재하는 이들은 현장 업무를 수행하는 사람들 입장에서는 여간 곤혹스러운 게 아닙니다. 몰상식이 상식인 이들을, 지극히 정상적으로 정해진 규정과 절차에 입각해 서비스를 제공하는 직원들이 상대하기란 참으로 버겁습니다.

잘 알고 있다시피 조직을 움직이는 것은 크게 시스템(System), 프로세스(Process), 사람(People)입니다. 조직에서 무슨 일을 하든지 간에 이 세 가지는 절대 빠지지 않는 가장 핵심적인 요소이지요. 그런데 우리 기업들의 블랙컨슈머와 관련된 대응을 보면, 시스템은 물론 프로세스까지도 제대로 갖추어져 있지 않은 경우가 많습니다. 블랙컨슈머에 대응하기 위해 사전 예측이나 사후 관리는 어떻게 해야 하고, 또 어떤 식으로 대응해야 하는지에 대한 구체적인 대안이 없다는 것이지요.

예를 들어, 음성인식을 통해 블랙컨슈머들이 자주 사용하는 용어나 음성 또는 단어 분석을 통해 선별 작업을 거쳐 선제적인 대응을 할 수 있을 것입니다. 또는 현장 직원의 음성을 분석해 감정 상태를 파악한 후 적절한 조치를 취할 수 있게 하는 방법도 고려해 볼 수 있습니다. 이뿐만 아니라 정형 또는 비정형 데이터 분석을 통한 VOC 사전예보제를 시행해 블랙컨슈머나 클레임에 대해서 미리 대처할 수 있을 것입니다. 프로세스 측면에서는 유형별 매뉴얼이나 업무 재량권에 대한 범위, 블랙컨슈머 전담 조직 운영, 블랙컨슈머 대응 지침이 마련되어 있어야 합니다. 그러나 과거에 비해 많이 나아졌다고 하지만, 여전히 시스템과 프로세스는 현장의 요구에 답하지 못하고 있는 실정입니다.

결국 시스템과 프로세스가 해야 할 일을 사람이 몸으로 때우는 현상이 발생하고 있습니다. 이를 흔히 우스갯소리로 '몸빵(MB) 또는 멘붕(MB)온다'라고 합니다. 즉시 돈이 되는 곳에는 투자를 아끼지 않고 프로세스를 개선하지만, 그렇지 않은 곳에는 투자를 미루거나 소극적인 태도로 일관해 많은 감정노동자들이 고통받고 있는 실정입니다. 결국 블랙컨슈머로부터 자신을 보호하기 위해 개인이 할 수 있는 것은 유감스럽게도 응대 기술을 습득해 적절히 활용하는 것 외에는 달리 뾰족한 방법이 없는 실정입니다. 설령 법적인 조치를 취한다고 하더라도 개인적인 차원에서 하기에는 리스크가 너무 크고, 나머지 방안을 기업에 요구한들 제대로 반영될 리 만무하지요. 이번 장에서는 법적 대응이나 프로세스 또는 시스템에 대한 내용이라기보다는 블랙컨슈머로부터 자신을 보호하기 위해 반드시 알고 있어야 할 응대 기술에 대한 내용을 주로 다루고자 합니다.

대부분 막무가내인 블랙컨슈머에게 우리가 할 수 있는 일은 무엇일까요? 생각해 보니 우리가 현장에서 블랙컨슈머에 대한 대응 패턴은 대략 6가지 정도로 정리할 수 있을 것 같습니다. 가장 일반적인 패턴이 상황에 대해서 합리적으로 설명하는 것입니다. 그렇다면 우리가 합리적으로 설명하면 블랙컨슈머는 이성적이 되어서 "그래? 듣고 보니 내가 잘못했군."이라고 할까요? 그렇지 않습니다. 이들에게 합리적인 설명은 '소 귀에 경 읽기'일 뿐입니다. 그렇다면 블랙컨슈머를 회피하거나 도망간다고요? 아시다시피 이러한 대응은 결코 문제 해결에 도움이 되지 않을뿐더러 오히려 상황을 더 악화시킵니다.

그렇다면 감정적인 대응은 어떨까요? 감정적으로 대응하면 상호 악(惡)감정이 충돌해서 서로 돌아올 수 없는 강을 건너게 됩니다. 결국 손해는 고스란히 블랙컨슈머를 응대하는 직원에게 전가됩니다. 그렇다면 감정적인 대응을 자제하거나 아예 무시하는 것은 어떨까요? 쿨한 대응인 것 같지만 이러한 대응은 오히려 상대방의 감정을 무시하는 것이기 때문에 상황을 악화시켜 2차 민원으로 이어질 위험성이 있고, 자칫 상대방을 자극해 좀 더 강한 반응과 행동을 유발시킬 위험성이 있습니다.

그렇다면 타이르듯 설교적으로 대응하는 것은 어떨까요? 이러한 대응 방식은 오히려 불난 집에 부채질하는 격이 되어 말 그대로 난리가 납니다. 화가 난 상대에게 타이르듯 설교하는데 기분 좋아할 사람은 없겠지요. 이게 아니면 그냥 묵묵히 사태를 주시하면서 잘못한 것도 없는데 끊임 없이 "불편 드려 죄송합니다."라는 말만 연발해야 할까요? 이미 경험해 봤듯이 결국 막무가내인 블랙컨슈머에게 위와 같은 방법은 절대로 해결책이 되지 못합니다.

그렇다면 어떻게 해야 할까요? 블랙컨슈머에게 효과적으로 대응하기 위해서는 먼저 그들의 감정 변화를 충분히 이해해야 합니다. 다시 말해, 일반적으로 사람의 감정이 격앙되는 것은 단계별로 발생하지 않고 상황에 따라 단순히 짜증으로 시작해서 갑자기 분노 또는 화로 번지는 경우도 있으므로 감정 변화를 잘 이해해야 한다는 것입니다. 중요한 것은 막무가내인 블랙컨슈머를 상대하기 위해서는 어떤 상황이든 이들의 감정 변화를 이해한 뒤, 그들의 감정을 "어떻게 하면 중립 상태로 끌어내릴 수 있을까?"에 집중하는 것이지요. 여기서 감정의 중립 상태라는 것은 흥분하지 않은 상태 또는 차분한 상태를 의미합니다.

단계별 감정의 변화의 이해

단계	중립단계	1단계	2단계	3단계
고객 상태	차분함, 안정적, 평온함	걱정, 불안	분노, 화	분노, 화 + 극단
상황	이성 = 감정	이성 < 감정	이성 << 감정	이성 <<< 감정
결과	■ 기분이 나쁘지 않음 ■ 이성적인 판단 ■ 합리적인 사고와 행동	■ 짜증, 긴장 유발 ■ 다소 감정적인 상태 ■ 감정 자제 노력	■ 본격적인 분노, 화 ■ 감정, 격앙 상태 ■ 분노 통제 어려움	■ 분노, 화 + 자가 폭발 ■ 감정 조절 어려움 ■ 분노 통제 상실
표출 행위	■ 규정과 절차에 따른 이행 및 준수	■ 짜증, 말꼬리 잡기 ■ 표정 드러남, 비꼬기 등	■ 욕설, 폭언 등 ■ 분노 표출(공격성)	■ 욕설, 폭언, 폭력 및 ■ 기물 파손 외

고객이 자신이 경험한 불만이 제대로 해결되지 않았을 때 화를 내면서 감정적인 반응을 보일 때 제일 좋은 방법은 중립적인 자세를 유지하면서, 상대의 분노가 사그라질 때까지 조용히 침묵하며 경청하는 것입니다. 고객이 감정적으로 격앙되었을 때는 아무리 직원이 자신의 입장을 설명하고 변명해도 고객의 귀에 들어가지 않기 때문이지요. 이렇게 흥분하거나 감정이 격앙된 고객 또는 이유없이 감정적으로 나오는 블랙컨슈머를 감정의 중립 상태로 끌어내리기 위해서는 E · A · R 기법을 알아야 할 필요가 있습니다.

E · A · R 기법이란 'Empathy', 'Attention(Ask)', 'Respect(Reassure)'의 앞 글자를 따서 만든 것으로, 몹시 흥분하거나 감정 조절이 제대로 되지 않는 막무가내 고객들을 진정시키고 차분히 응대할 수 있도록 해 주는 기법입니다. E · A · R 기법은 블랙컨슈머의 심정이나 상황을 이해하려고 노력하는 공감(Empathy)과 함께 질문을 통한 경청 및 주의(Attention or Ask)를 기울이고 동시에 존중(Respect or Reassure)과 함께 안심시키기를 통해 흥분한 고객을 진정시키는 데 큰 효과를 거둘 수 있습니다.

먼저 상황에 대해 공감은 하지만 주장이나 의견에 대해서는 동의하지 않음을 밝힙니다.

공감(Empathy)은 이성적으로 또는 합리적으로 대응하려는 것이 아니라, 상대방의 심정이나 상황을 공감하거나 이해하려고 노력하는 것을 의미합니다. 상대방이 느끼고 있는 고통이나 좌절에 대해서 공감하는 것인데, 불만을 제기하는 사람들의 경우 공감을 해 주면 대부분 감정적으로 격앙된 상태가 누그러지게 마련이지요. 여기서 중요한 것은 공감이지 동감이 아니라는 사실이며, 더 중요한 것은 상대방의 의견이나 주장에 대해서 동의하는 것은 더욱 아니라는 사실을 인식하고 응대해야 합니다. 공감과 동의는 비슷하지만 전혀 다른 대응방법이라는 사실을 정확히 이해해야 합니다. 고객의 말에 공감한다는 것은 상황이나 불만의 원인이 되는 사실들에 대해서 충분히 인식을 한다는 의미지만 동의한다는 말은 고객의 말이 옳다는 것을 인정하는 것이고 이러한 응대는 블랙컨슈머의 주장이나 의견에 대해서 힘을 실어주는 것이 되어 주도권을 넘겨주는 어이없는 상황이 발생하게 됩니다.

충분히 경청하고 흥분된 감정을 완화시키기 위한 질문을 합니다.

공감 다음으로 경청(Attention)을 해야 합니다. 경청이라는 것은 부정적인 감정에 휩싸여 있는 사람에게 반응하는 기술로, 문제를 해결하는 데 있어 가장 중요한 역할을 합니다. 흔히 블랙컨슈머 또는 안하무인인 불만 고객이 직원을 무시하거나 소리를 지르고 폭력을 행사하는 것은 주위의 시선이나 주의를 끌기 위한 방법으로 흔히 사용하곤 합니다. 이때 아무런 반응이 없으면 더 자극적이고 비이성적인 행위를 반복하는 경우가 많은데, 이럴 때 사용하는 기술이 바로 경청입니다. 경청의 핵심은 상대방의 얘기를 들어 주면서 질문(Ask)을 하기 위함인데, 상대방이 의도하는 것이 무엇인가를 빠르게 파악하고 흥분된 감정을 완화시키기 위해 필요합니다. 경청을 잘해야 질문도 잘할 수 있으므로 상대방의 말에 귀 기울이는 것이 무엇보다 중요합니다.

경청을 통해 알게 된 사실을 가지고 역으로 질문을 하는 것을 흔히 '부메랑 기법(Boomerang technique)'이라고 합니다. 여기서 상대방에게 질문을 하는 것은 문제 해결을 위한 정보 습득이 아니라, 흥분된 감정을 완화시키기 위함이라는 사실을 알아야 합니다. 사실 이것이 핵심이라고 할 수 있는데, 질문을 할 때는 절대 'Yes' 또는 'No'로 답변할 수 있는 폐쇄형 질문은 삼가야 합니다.

우리가 질문을 던지는 이유는 무엇일까요? 먼저 답변을 하려면 감정이 지배적인 상황에서는 제대로 의사소통하기 어렵습니다. 따라서 이성적이 되어야 하거나 감정을 차분히 해야만 대화가 가능하기 때문에 적절한 질문을 던져서 격앙된 감정을 누그러뜨리도록 하는 것입니다. 이때 보통 2~3개 정도의 질문이 적당합니다.

지시적인 어투나 행동이 아니라 존중과 함께 믿음을 주기 위한 자세를 유지합니다.

중요한 것은 흥분해서 막무가내로 덤비는 고객의 감정을 완화시키는 것이 중요하므로 끝까지 고객을 존중하는 태도를 유지하여야 합니다. 여러분들도 잘 아시겠지만 대개 소리를 지르거나 쉽게 격앙되거나 폭력을 휘두르는 사람들의 경우, 주위 사람들로부터 존중받지 못하는 사람들이 대부분입니다. 좋게 말하면 자신이 무시당한다고 생각하기 때문에 공격적인 자세나 태도를 통해서 상대방을 제압하고 자신의 의도대로 따라온다고 생각하는 경향이 강합니다. 따라서 처한 상황이나 어려움을 개선시키기 위해서 최선을 다하겠다는 믿음을 주는 것과 동시에 존중하려는 마음과 자세는 끝까지 유지하는 것이 바람직합니다.

또한 상대방이 블랙컨슈머이건 과도하게 불만을 제기하는 사람이건 존중받아야 할 내용이 있다면 그것을 인정해 줌으로써 흥분된 감정을 진정시킬 수 있습니다. 존중이라는 것도 상대방의 의견이나 주장에 대해서 존중하는 것이 아닌 상대방이 처한 상황에 대해서만 존중하는 것을 의미한다는 점을 유념하셔야 합니다. 이를 통해 상황이 호전될 수 있을 것이라는 믿음을 심어 주는 것이 핵심이라고 할 수 있겠습니다.

다시 한번 정리하자면, 블랙컨슈머를 대응할 때 효과적인 E·A·R 기법은 막무가내인 상대방을 안심시키는(Calm down) 기법이지, 절대 상대방의 문제를 해결하는 것이 아니라는 점입니다. 인간적인 접근을 통해 막무가내인 사람의 감정을 중립 상태로 유지시켜 정상적인 커뮤니케이션이 이루어지도록 하는 것이 핵심이라고 할 수 있습니다. 즉, E·A·R 기법은 극도로 화가 난 고객을 한 인간으로서 인식하고 도와주려는 것일 뿐, 문제 해결의 본질이 아니라는 점입니다.

따라서 단순히 이들에 대해서 심정적으로 이해하고 있으며 도움이 되
길 원한다는 자세만 유지하면 됩니다.

잘못된 정보에 대한 대응 :
B·I·F·F 기법

최근 유통업계의 경우 온라인, 오프라인은 물론 모바일 등 다양한 채널 등을 통해 고객이 어떤 채널을 활용하든지 간에 동일한 채널을 이용하는 느낌이 들도록 고객의 소비 패턴을 활성화시키기 위해서 노력하고 있습니다. 그러나 이렇게 고객들을 위해 노력하는 업계를 비웃기라도 하듯이 이를 악이용하는 블랙컨슈머가 있다는 사실도 기억해야 합니다.

보통 우리가 블랙컨슈머에 대응할 때는 단계별로 대응하는 것이 현명합니다. 대부분 막무가내인 이들을 대상으로 합리적으로 설명하거나 감정적으로 대응하면 효과도 없을뿐더러 오히려 역효과를 불러올 수 있으니 주의하셔야 한다고 말씀을 드렸습니다.

막무가내로 덤비는 사람들에게는 먼저 '감정을 중립 상태로 끌어내릴 수 있을까?' 고민하라고 했던 것을 기억하시나요? 그럴 때 사용하는 기법이 E·A·R기법이라는 것도 기억하시겠군요? E·A·R기법을 통해 감정을 중립 상태로 끌어내린 뒤 현실적이고 실현 가능한 대안을 제시하는 것이 중요합니다. 그런데 대부분 현실적인 대안 제시가 쉽지 않은 것이 함정입니다. 정상적인 상황이라면 대안 제시를 통해 객관적인 사고에 집중할 수 있도록 하는 것이 중요합니다. 대안을 제시하기 전에 대안을 목록화하거나 지침을 마련해 놓으면 훨씬 대응하기가 수월합니다.

가끔 블랙컨슈머를 응대하다 보면 잘못된 정보를 가지고 불만을 제기하거나 억지 주장을 펴는 사람들이 있습니다. 이런 사람들은 조심해야 합니다. 단순히 대면 접점에서 응대하는 것뿐만 아니라 이메일을 보내거나 페이스북이나 블로그와 같은 사회 관계망 서비스(SNS)를 통해 커뮤니케이션을 할 때도 잘못된 정보로 직원을 괴롭히거나 시비를 거는 경우도 있습니다.

이렇게 잘못된 정보를 근거로 덤벼드는 고객이나 블랙컨슈머에 대응하기 위해서는 어떻게 해야 할까요? 이러한 상황에서는 B·I·F·F기법을 활용합니다. B·I·F·F기법은 막무가내인 고객을 진정시키고 잘못된 정보에 효과적으로 대응하도록 하는 주목적인 기법입니다.

이러한 기법을 사용할 때 중요한 것은 고객 또는 블랙컨슈머의 주장이나 의견이 맞을 수 있고 틀릴 수 있으므로 이에 대한 객관적이고 비판적인 시각이 필요합니다. 보통 B·I·F·F기법은 과도하게 감정적으로 흥분해서 화를 내는 사람들을 다루는 데 사용합니다. 보통 이러한 사람들은 직접 대면 채널 또는 이메일이나 사회 관계망 서비스(SNS)를 통해 문제 해결에 대한 의지나 목적이 없이 직원들에게 공격적인 성향을 보이는 경우가 많습니다.

이러한 경향을 보이는 고객들을 대상으로 짧게 물어보고 짧게 대답하며(Brief), 정보 위주로 대응하고(Informative), 친근감을 유지하며(Friendly), 자신의 언행에 대해서 확고하고 단호한 자세를 유지할 것(Firm)이 주요 골자라고 할 수 있습니다. 이러한 균형이 잡힌 기법을 활용함으로써 고객과 대립하지도 않고 감정을 상하지 않게 할 수 있습니다.

그러면 이번에는 위에서 말씀드린 B · I · F · F에 대해 자세히 설명해 보겠습니다.

먼저, 짧게 물어보고 짧게 대답하세요(Brief)

아시다시피 말을 많이 하게 되면 말꼬리를 잡히기 마련입니다. 따라서 고객으로부터 방어할 일 자체를 만들지 않는 것이 중요합니다. 말을 하거나 메일을 보내거나 SNS상에서 대응할 때는 문제 해결 중심의 정보에 초점을 맞추어야 하며, 말을 많이 하거나 글을 쓸 때에도 장문을 쓰지 않으셔야 합니다. 말이 많으면 많을수록 다른 비판적인 내용을 유발할 가능성이 높기 때문입니다. 또한 메일이나 SNS에 글을 남길 때도 해당 고객이 반응 또는 자극할 만한 너무 많은 단어나 말을 하지 않는 것이 바람직합니다.

이렇게 간결함(Brief)을 유지함으로써 방어를 유발하는 부정적인 정보를 최소화할 수 있습니다. 몇 가지 주의사항을 말씀드리자면, 회사를 대표해서 응대하는 것이므로 개인적인 의견을 피력하는 것은 여러

분뿐만 아니라 회사를 곤경에 빠뜨릴 수 있으니 개인적인 의견을 피력하는 것은 주의하시기 바랍니다. 또한 고객의 성격이나 행위에 대한 잘잘못을 따지는 행위에 대해서 언급하는 것은 꼭 피하셔야 합니다. 이렇게 함으로써 블랙컨슈머가 반응할 수 있는 요소나 빌미를 제공하지 추가적인 에너지를 낭비하지 않아도 되고 무엇보다 응대할 때 요점을 명확하게 전달할 수 있습니다.

두 번째, 정보 위주로 대응하세요(Informative)

위에서 말씀을 드렸다시피 개인적인 의견을 피력하지 말라고 했습니다. 또한 상대 고객의 반응을 유발하거나 자극할 만한 단어나 말을 사용하지 말라고도 했습니다. 모두 상대방을 자극해서 일을 더 꼬이게 만들기 때문이죠. 불만 고객이나 블랙컨슈머와 대응할 때 정보 위주로 대응해야 하는 이유는 불필요한 정보 제공을 통해 감정적으로 자신을 방어해야 할 일을 최소화하기 위해서입니다. 즉, 감정적인 대응이 아닌 규정과 절차에 입각하여 정보를 전달하는데 집중하는 것이 가장 핵심이라고 할 수 있습니다.

여러분들도 잘 알고 있다시피 감정적으로 대응하게 되면 불필요한 오해는 물론, 그러한 오해를 푸는 과정에서 일을 더 꼬이게 하기 때문입니다. 부정적인 말을 피하고 비꼬거나 빈정대는 말투 또는 윤리적·도덕적인 행위에 대한 개인적인 언급을 피하는 것이야말로 블랙컨슈머를 대응하는 데 있어 아주 중요한 자세라고 할 수 있습니다.

다소 건조하다고 하더라도 규정이나 프로세스에 근거한 정보 위주의 대응이 막무가내인 고객에게는 효과적인 대응이 될 수 있습니다.

따라서 대응 과정에서 주요 이슈에 대한 직설적이면서 유용한 한두 문장(대안)을 제시하는 동시에, 상호 간에 의견을 주고받는 것이 아니라 객관적인 사실이나 정보에 근거하여 논의가 이루어질 수 있도록 하는 것이 바람직한 응대 방법입니다. 이러한 과정에서 상대방과의 우호적인 분위기를 형성하는 것이 중요하며, 과거나 현재 중심이 아닌 미래에 초점을 맞춰 긍정적인 논의가 이루어질 수 있게끔 하는 것이 중요합니다.

세 번째, 우호적으로 대응하세요(Friendly)

위에서 설명한 것처럼 간단명료하게 말하고 가급적 정보 위주로 대응하라고 하니까 얼굴 표정도 굳고 말 또한 사무적이며 메일이나 기타 SNS도 고객이 느낄 수 있을 정도로 무뚝뚝하다면 과연 일이 잘 해결될까요? 사실 외국과 달리 과도한 친절교육을 받아온 우리나라에서는 참으로 쉽지 않은 반응임에는 틀림없지만 친근하고 우호적인 대응은 적대적인 대응이 아니어서 상대방을 진정시키는 효과가 있습니다.

따라서 고객 대면 시 흔히 활용하는 부정적인 대응 목록이나 표현은 사용하지 않는 것이 좋습니다. 왜냐하면 이러한 대응은 보통 상대로 하여금 방어적인 자세 유발은 물론 부정적인 인식을 심어 줘 문제 해결을 어렵게 하기 때문입니다. 그뿐만 아니라 우호적인 대응은 직원 스스로도 중립적인 상태에 놓여 응대하는 데 있어 한결 수월해집니다.

여러분들도 잘 아시다시피 진정된 상태에서는 자연스럽게 논리적이고 이성적인 사고에서 대응하므로 문제 해결을 한층 쉽게 할 수 있습니다. 결국 우호적인 대응은 상호 공감대 형성은 물론 상대를 진정시키는 효과를 불러오며, 긍정적이고 낙관적인 분위기를 조성해 문제를 쉽게 해결할 수 있도록 하는 단초를 제공합니다.

마지막으로, 단호하고 확고한 자세를 유지하세요(Firm)

우리가 고객에게 확고한 자세를 유지한다는 것은 잔인하거나 냉혹한 것이 아니라, 우리 스스로 가진 자신감의 발로라고 할 수 있습니다. 적대적인 느낌이 아니라 차분하게 대화를 끝내는 것입니다. 그리고 이러한 태도는 적대적인 커뮤니케이션을 종결 지을 수 있는 가장 확실한 태도라는 점을 인식하였으면 합니다. 대부분 불만 고객이나 블랙컨슈머에게 저자세를 유지하거나 굽신거리는 행위는 오히려 그들에게 잘못된 신호(Signal)를 줄 수 있습니다.

마무리 단계라면 추가로 논의를 이끌어 낼 수 있는 언급은 하지 않는 것이 좋으며, 일단 대안을 제시했다면 별도의 추가 언급이나 대응을 하지 않는 것이 좋습니다. 이때 위협적이거나 상대를 자극하지 않는 방식으로 여러분이 전달하고자 하는 정보와 입장을 명확하게 전달하는 것이 중요합니다. 예를 들어 "고객님, 제가 말하는 대로 하세요" 또는 "고객님 생각을 잘못하신 것 같습니다"가 아닌 "고객님, 해당 문제에 대해서 제가 드릴 수 있는 말은 여기까지 입니다"라고 여러분의 입장을 단호하게 전달하는 것이 바람직합니다.

다만 대안을 제시했음에도 불구하고 답이 없을 경우 재질문을 할 것인지, 아니면 여타 다른 조치를 취할 것인지 여부에 초점을 맞추는 것이 바람직합니다. 만일 다시 응대해야 하는 경우가 발생한다면, 위에서 말씀드린 대로 짧고 간결하게 응대하되 감정이 개입되지 않도록 하는 것이 중요합니다. 또한 기존에 사용했던 동일한 단어를 사용하여 주요 정보나 지침을 반복하는 것이 효과적이라는 사실을 꼭 기억하셨으면 합니다.

지금까지 우리는 B · I · F · F기법에 대해서 알아보았습니다. 일반적으로 응대하기 까다로운 고객들은 자신이 존중받다는 느낌을 받거나 공감을 얻게 되면 대부분 격한 감정이 진정되기 마련입니다. 그리고 고객 스스로 중립적인 정보나 사실에 초점을 맞춘 경우, 갈등이나 문제를 해결해 가는 데 있어 한결 수월해지기 마련입니다. 또한 부정적인 감정이 아닌 긍정적인 감정이 지배하게 되며 논리적인 사고를 하게 됩니다. 이러한 과정을 거치면 당연히 불만 고객의 입장에서도 자신을 방어할 필요가 없어지므로 더 이상 직원을 괴롭히는 등의 비이성적이고 과격한 언행이나 행동을 하지 않게 됩니다.

과격한 반응을 억제하고
문제 해결에 도움을 주는 3C 기법

흔히 대인관계의 기본 자세나 태도를 얘기하면 전가의 보도처럼 나오는 것이 바로 경청이 아닐까 싶습니다. 그만큼 경청이 중요하다는 의미겠지요. 경청이라는 단어를 사전에서 찾아보니 '귀를 기울여 들음'이라고 나와 있더군요. 한자로 '경청(敬聽)'이라는 말을 풀이해 보니, 남의 말을 공경하는 태도로 듣는 것을 의미하는 것이네요.

결국 경청은 인간관계에 있어 가장 큰 영향을 미치는 커뮤니케이션 기술이라고 해도 과언은 아니라고 할 수 있겠습니다. 그런데 이렇게 경청이 중요함에도 불구하고, 실제 우리들의 일상생활을 들여다보면 타인의 말에 공경은 커녕 귀 기울이지도 않는 것이 현실입니다. 그저 자신이 하고 싶은 말만 끊임없이 늘어놓는 경우가 대부분이지요.

이번에는 블랙컨슈머를 대응하는 방법 중 중요한 역할을 하는 경청에 대해서 알아보도록 하겠습니다. 악성 민원을 제기하는 사람들은 거짓말하는 것에 대해서 과도할 정도로 예민한 경우가 많으며, 특히 주변 사람들로부터 소외되거나 배척된 경험이 있는 사람일수록 타인의 관심이나 주의를 끌기 위해서 과도한 행동을 저지르는 경우가 많습니다. 과도한 행동을 했는데도 상대방이 별다른 반응이 없으면, 더 자극적이고 비이성적인 행동을 반복하기도 합니다.

이렇게 부정적인 감정에 휩싸여 있는 사람들이 행하는 과격하고 비이성적인 행동에 적절하게 반응하는 기술 중에 하나가 바로 경청입니다. 왜 경청이 블랙컨슈머를 응대하는 데 있어 중요한 역할을 할까요?

위에서 언급하였다시피 대응하는 과정에서 소외되거나 배척되는 기분을 느끼면 더 과격하게 반응하는데, 이때 이들의 말을 경청해 주면 자신에게 관심을 가져 주는 행위로 받아들여 부정적인 감정을 감소시키기 때문입니다. 그뿐만 아니라 막무가내인 블랙컨슈머의 감정을 중립 상태로 전환시키는 데 있어 중요한 역할을 하는 질문 확보 측면에서도 경청은 매우 중요합니다.

이렇게 중요한 경청을 하면서 우리가 하지 말아야 할 실수를 하는 경우가 자주 발생합니다. 대표적인 실수로는 자신이 해야 할 말이나 순서를 정하면서 상대방의 말에 집중하지 않거나 자신이 지금까지 경험한 것을 기반으로 상대방의 상황을 깔아뭉개거나 비하하는 것입니다. 상대방의 이야기를 끝까지 듣지 않고 미리 속단하거나 응대 도중 잦은 주제 변경도 이에 해당합니다. 블랙컨슈머를 응대하는 데 있어서 가장 치명적인 실수는 경청하면서 동시에 맥락도 없이 공감만을 반복하는 행위입니다. 예를 들어 "그렇습니까?", "물론입니다.", "당연한 말씀입니다", "와! 정말 놀랍군요."와 같이 진정성이 동반되지 않는 반응을 내보이는 것입니다. 이러한 행동이나 대응은 문제 해결을 쉽게 하기보다는 오히려 사태를 더 복잡하게 만드는 요인이 되기도 합니다.

그렇다면 블랙컨슈머와 응대를 한다면 중요한 경청을 극대화하기 위해서는 어떻게 해야 할까요? 여러분은 이미 E · A · R기법을 배우셨으니 아시겠지만 E · A · R기법에서 경청은 아주 중요한 역할을 수행합니다. 이러한 경청을 극대화하기 위해서는 3C기법을 활용해야 합니다. 3C기법이란 상대방과 대화를 할 때 집중하고(Concentrate), 주의하고(Considerate), 확인하는(Confirm) 것을 의미합니다.

경청을 위한 3C기법

이러한 3C기법을 적절히 활용함으로써 블랙컨슈머의 횡포를 막고 체계적으로 문제 해결을 하는 데 도움을 받을 수 있으며 무엇보다 자신의 감정을 보호할 수도 있습니다. 이제 3C기법에 대해서 하나씩 알아볼까요?

경청을 극대화하기 위해 먼저 상대방의 말에 집중(Concentrate)하라

너무도 당연하지만, 블랙컨슈머와 응대를 할 때는 상대의 말이나 행동에 최대한 집중해야 합니다. 앞에서도 기술하였다시피 이들은 주변 사람들로부터 소외되거나 배척된 경험이 있는 사람이 많으므로 이들의 말에 집중하지 않으면 또 다른 시비거리를 제공할 수도 있으니 주의하셔야 합니다. 이때 집중한다는 것은 언어적 표현은 물론, 비언어적인 표현 모두를 포함합니다. 흔히 대면 접촉 채널에서 근무하시는 분들이라면 '0.2초'의 몸짓 언어라고 하는 바디랭귀지를 파악하는 것도 매우 중요합니다. 왜냐하면 이러한 바디랭귀지에는 블랙컨슈머의 무의식이 고스란히 드러나기 때문입니다.

예를 들어 대화 도중 코를 만지는 것은 입을 가리려는 행동이라고 해석할 수 있는데, 이는 자신의 의도한 상황대로 진행되지 않는 것에 대한 스트레스를 무의식으로 나타낸다고 할 수 있습니다. 또한 코를 비비는 척하면서 입에 손가락이나 손을 대는 행위는 뭔가를 감추거나 숨기려는 행위로 해석될 수 있습니다. 또 다른 하나는 팔짱을 끼는 것인데, 이는 여러분도 알고 있다시피 폐쇄적이거나 방어적인 사람들이 흔히 보이는 행위로 응대 도중에 이러한 행위를 보인다면 수용하기 힘들거나 그러한 의도가 포함되어 있을 가능성이 높다고 보는 것이 옳습니다.

집중을 하기 위해서는 상대방의 직함 또는 이름을 반복적으로 불러주는 것이 좋습니다. 그리고 과도하지만 않다면 적절한 범위 내에서 관심사에 대한 호응을 해 주는 것도 좋습니다. 이와 함께 메모나 주요 이슈 또는 합의 사항에 대해서 요약 및 확인하는 것도 상대방에게 집중하고 있음을 보여 주는 아주 훌륭한 방법이라고 할 수 있습니다.

다만 경청을 할 때 딴짓을 하는 것은 금물이니, 이 점은 꼭 지양하셔야겠습니다. 대표적으로 PC만 바라보고 있거나 스마트폰 문자를 확인하는 행위, 서류 검색을 하거나 눈을 마주치지 못하거나 주제를 자주 바꾸는 행위 등은 오히려 역효과를 낼 수 있으니 주의하셔야겠습니다.

응대할 때 주의 깊고 신중하게 생각(Considerate)하라

블랙컨슈머 응대 시 주의 깊고 신중하게 생각해야 하는 이유는 시간을 절약하기 위함도 있지만, 무엇보다도 상대방의 의도를 명확히 파악해서 적절하게 반응하기 위함입니다. 주의 깊고 신중하게 생각하는 데 있어 가장 좋은 방법은 메모를 하는 것입니다. 메모를 함으로써 얻을 수 있는 것은 크게 2가지 정도인데, 먼저 메모를 통해 사실을 정리하고 확인함으로써 섣부른 판단이나 의사결정을 자제할 수 있으며, 두 번째로 상대방으로 하여금 자신이 존중받고 있다는 느낌을 전달해 격한 감정을 완화하는 데 도움을 줍니다.

위에서도 몇 차례 언급하였다시피 경청의 가장 큰 목적은 문제 해결을 위한 중요한 정보나 상황 및 단서를 파악하는 데 있음을 절대 잊으시면 안 됩니다. 다만 주의할 것은 대화 도중 몇 가지 예외 사항을 제외하고 가급적 끼어들지 않아야 하며, 상대방의 말에 대해선 지레

짐작을 하거나 걸러서 듣는 행위는 지양해야 한다는 점입니다.

마지막으로, 상대방의 말이나 의견을 확인하라

위에서도 잠시 언급은 하였습니다만, 체계적인 대응을 위해서는 확인 및 요약이 절대적으로 필요합니다. 그렇다면 확인하는 목적은 무엇일까요? 먼저 대화 내용에 대한 확인을 통해 상대방의 의도를 명확히 파악함으로써 불필요한 오해를 방지하기 위한 것이 가장 큰 목적이라고 할 수 있습니다. 또한 요약을 통해 복잡한 내용을 간결하게 정리함으로써 명확한 의사결정이나 문제 해결을 이끌어 낼 수 있습니다. 쉽게 얘기하자면, 나중에 딴 얘기를 하지 않도록 미연에 방지하려는 의도도 있지만 불필요한 오해를 방지하고 사실을 명확하게 해서 불필요한 시간을 낭비하지 않도록 하기 위해 필요합니다.

확인하기 위해서는 상황에 따라 단계가 있습니다. 먼저 상대방과 대응하기 전에 주요 이슈는 무엇인지를 파악하고 어떻게 대응할 것인지 글이나 말로 표현해 보는 것입니다. 매뉴얼화되어 있으면 좋겠지만, 그렇지 않다고 하더라도 메모와 같은 사전 준비 활동을 통해서라도 대응에 대한 용기가 생길 테니 말이죠. 그리고 이러한 대응 준비가 되었다면 대화 도중에 주요 논의 사항이나 핵심 내용을 메모합니다. 대화 도중 나오는 핵심 단어를 선택해서 이미지화거나 도식화하는 마인드맵을 활용하는 것도 좋은 방법이지만, 어쨌든 이렇게 메모하고 요약하는 것만으로도 좀 더 체계적이고 논리적으로 대응할 수 있습니다. 이렇게 정리된 내용을 토대로 상대방과 대화를 하면 되는데, 이때 중요한 내용은 반복하고 설명은 아주 쉽게 해야 한다는 것입니다. 또한 숫자나 고유명사 또는 금액, 분량 등은 반드시 복명 복창하는 것이 바람직합니다.

경청이라는 것은 응대를 하는 과정 중간중간에 상대방이 말을 제대로 이해했는지 여부를 확인하는 것도 중요하지만, 이러한 행위 자체가 수동적인 반응이 아니라 좀 더 적극적인 행위이므로 상대방에 대한 관심과 함께 질문을 던져서 상대방의 의중을 파악하는 것도 중요합니다. 상대방의 의중을 파악하게 되면 좀 더 문제를 효과적으로 풀어 나갈 수 있기 때문입니다.

욕설 및 폭언하는 고객에 대한
대응방법

어느 카페에 이런 질문이 올라와 있습니다.

"욕을 하는 진상 고객 때문에 정신적으로 힘든데, 자주 응대하다 보면 내성이 생기나요?"

위의 질문을 듣고 여러분은 어떤 생각이 드나요? 과연 내성이 생길 까요? 직원들이 가진 감정 조절 능력에 따라 다르기는 하겠지만, 일반적으로 블랙컨슈머들이 행하는 행동에 노출되다 보면 내성이 생긴다는 것은 쉽지 않아 보입니다. 기업의 시스템이나 프로세스 또는 규정에 대한 부분에 대해서 불만을 얘기하는 것은 충분히 들어 줄 수 있으나 말꼬리를 잡고 늘어지는 고객, 자기 말만 하고 툭 끊어 버리는 고객, 억지 주장을 하는 고객, 업무와는 상관없는 말로 장시간 통화하는 고객 등 다양합니다.

그런데 현장에 있는 접점직원들이 꼴불견인 동시에 상대하기 가장 힘든 고객은 인격 모독에 가까운 욕설을 해대는 고객이라고 합니다. 생각 같아서는 맞대응하고 싶지만, 그로 인해 닥칠 피해나 후폭풍을 생각하면 이어질 행동을 결정하는 데 망설이게 됩니다. 문제는 이렇게 욕을 해대는 고객에게 수동적으로 근무하는 우리 직원들은 거의 속수무책이라는 점입니다. 직원들의 잘못도 아닌데 말이죠.

직원들이 여러 가지 유형의 고객들 중 왜 하필 욕설을 해대는 고객이 가장 힘들다고 했을까요? 학자들에 의하면, 욕이라는 것은 다른 단어들보다 4배나 강하게 기억되며 우리가 흔히 분노 또는 공포를 느끼게 하는 '감정의 뇌'를 자극하여 이성적이고 합리적인 활동을 하지 않도록 하는 역할을 수행한다고 합니다.

따라서 블랙컨슈머가 욕을 하는 이유는 바로 이와 같이 욕을 함으로써 직원들의 감정을 흔들어 자신이 원하는 것을 얻으려고 하는 데 있습니다. 반대로 직원들 입장에서는 강한 욕설을 듣게 되면 순간 이성적인 통제력을 상실하게 되는데, 블랙컨슈머가 흥분한 상태에서 내뱉는 욕설의 날카롭고 공격적인 어조가 교감신경 자극은 물론 심장 박동을 증가시키고 집중력을 떨어뜨립니다. 보통 평이한 말투가 천 헤르츠(Hz) 미만인 반면, 욕의 경우 3천에서 6천 헤르츠에 이르는 고주파라고 합니다. 이러한 날카로운 고주파에 노출된 직원들이 겪는 고통은 설명하지 않아도 잘 알 것입니다.

여기 욕과 관련한 흥미 있는 실험이 있습니다. 아마 여러분들도 보셨을 거라 생각하는데, 한 TV 프로그램에서 양파 100개를 가지고 실험을 했습니다. 온도, 습도, 빛 등 모든 조건을 동일하게 한 뒤 각각 양파 50개씩 나누어서 한쪽 공간에는 조용한 클래식 음악을 들려주고 또 다른 공간에는 욕설과 함께 부정적인 말을 15일간 들려주었습니다. 15일이 지난 결과, 클래식 음악을 듣고 자란 양파들은 평균 20㎝

이상 자란 반면, 욕을 들려주었던 양파들의 경우 싹이 트이지 못하거나 자라나도 제대로 성장하지 못한 양파들이 많았습니다.

식물들도 이렇게 소리에 민감하게 반응하여 전혀 다른 결과를 나타내는데 하물며 현장에서 근무하는 직원들은 어떻겠습니까? 욕이 소리를 통해 전달되면 직원들 입장에서는 무시 또는 존중받지 못한다는 느낌과 스트레스 증가는 물론 다양한 정신적인 고통을 받을 수밖에 없습니다.

양파 실험　　[출처 : 미토엄마님 블로그(http://blog.naver.com/rose1824/220612046629)]

결국 기업 입장에서 고객들이 직원들에게 욕을 하지 말도록 금지하거나 적법한 조치를 취하고 사전에 예방하는 것은 직원들이 안전하게 근무할 수 있도록 해 주는 것이나 다름없다고 할 수 있습니다. 따라서 시스템뿐만 아니라 프로세스 상에 욕설을 하는 고객을 줄이기 위한 다양한 노력과 조치가 필요하다고 생각합니다.

국내 신용카드 시장의 강자였던 한 회사는 국내 최초로 콜센터 직원에게 욕설을 퍼붓거나 성희롱을 하는 고객에게 경고 후 전화를 끊도록 하였습니다. 보통 이러한 상황에서는 콜센터 직원의 일방적인 희생을 강요하는 것이 일반적이어서 상당히 신선한 조치라고 환영했던 기억이 있습니다. 이 회사의 용기 있는 결단으로 인해 눈치 보기에 급급했던 다른 회사에서도 직원 보호를 명목으로 욕하는 고객들에게 적극적인 조치를 하려는 움직임이 일었기 때문입니다. 한 회사의 용기로 인해 다른 업체에 긍정적인 영향을 미쳤으니 칭찬을 해 줄 만하다고 생각했습니다.

그런데 몇 년이 지난 후 전문가들이 그 회사 접점 직원들을 대상으로 심층 인터뷰를 진행한 결과, 회사의 적극적인 조치에도 불구하고 여전히 언어폭력은 발생하고 있었고 상담직원들은 예전과 같이 소극적인 대응으로 일관하고 있었다는 것을 알게 되었습니다. 심지어 자신을 욕하는 것은 참으면 되는데 "내장을 끄집어내겠다", "네 부모가 널 낳고 미역국은 먹었느냐"라는 비하 발언과 함께 부모를 모욕하는 언어폭력은 도저히 참을 수 없었다고 답하는 사람들이 많았다고 합니다.

전문가팀은 회사 측에 더 강경한 대처를 요구했고, 결국 회사에서는 상담사가 위협을 느끼거나 인격을 모독하거나 욕설을 들으면 전화를 먼저 끊는 '전화 끊기 정책'을 실시하게 됩니다. 구체적으로 욕설이나 인격 모독에 대한 것은 2차례 경고, 이외의 것에 대해서는 3

차례 경고 후에 전화를 끊게 하였습니다. 예전과 다른 점은 매뉴얼과 지침이 좀 더 세부적이고 명확해졌다는 것입니다. 어떤 말을 하면 끊어야 하는지를 매뉴얼화하고, 무엇보다 욕설 또는 성희롱이 발생했을 때 발생하는 민원에 대해서는 어떤 일이 발생해도 책임을 묻지 않겠다는 점을 약속했습니다.

그뿐만 아니라 욕하는 고객과 통화하는 직원들이 끊지 않고 계속 참는지 여부를 수시로 모니터링하였습니다. 두루뭉술하거나 구체적이지 않으면 전화를 끊기 힘들고, 끊었을 경우 민원으로 이어지면 본인이 모두 책임을 져야 하는 불편이 있기 때문에 차라기 욕먹고 말겠다는 직원들이 의외로 많았던 것이었지요.

아래 표는 전화를 끊어도 되는 유형 및 사례와 그에 따른 대응 방법을 정리한 것입니다.

유형		사례	대응법
위협	신체 상해협박	▪ 가만히 안 둘 거야. 밤길 조심해라. ▪ 너 있는 주소 불러. 다 불질러 버리게. ▪ 길 가다 마주치면 사지를 다 찢어 죽일 거야.	▪ 3회 경고 후 전화 끊음 ▪ 관리자가 콜백 진행
	직위 해제협박	▪ 잘리고 싶지? 원하는 대로 해 줄게. ▪ 너 때문에 본사 가서 분신한다. ▪ 너 평생 일 못하게 할 수 있어.	
인격 모독	가족 무시	▪ 네 부모가 가르치던? ▪ 네 어미는 너 이렇게 욕먹으면서 일하는 건 아냐?	▪ 2회 경고 뒤 전화 끊음
	교육 수준 무시	▪ 말귀를 왜 이리 못 알아들어? 너 초등학교 나왔니? ▪ 네가 못 배워 거기서 전화 받고 있는 거야.	

	직업 무시	▪ 너희가 이따위로 하니까 그런 대접을 받는 거야. ▪ 하는 거라곤 전화만 받을 줄 아는 것들이….	
	성차별, 외모 비하	▪ 여자가 받으면 재수 없으니 남자 상담원 바꿔. ▪ 얼굴 안 봐도 뻔하다. 애인도 없지?	
욕설	직접 욕설	▪ '미친 X' 등 상담사를 지칭하며 직접 하는 욕설	▪ 2회 경고 뒤 ▪ 전화 끊음
	혼자 욕설	▪ '등신들'처럼 복수형 및 혼잣말하듯이 하는 욕설	

출처 : 곽금주 서울대 교수 연구팀 보고서

회사의 이와 같은 조치 덕분인지, 이후부터 욕을 하는 고객이 있으면 교육을 받은 그대로 경고를 했다고 합니다. "이렇게 감정적으로 말씀하시면 제가 도와드리기 어렵습니다."라고 말했고, 또다시 욕설이 시작되자 가차없이 전화를 끊었습니다. 물론 끊기 전에 ARS를 통해 "지속적인 욕설 사용으로 인해 통화가 종료되었습니다."라는 멘트가 나오게 했습니다.

이러한 실험 결과, 상당히 재미있고 의미 있는 결과가 나왔습니다. 먼저 전화를 끊은 직원 입장에서는 마음이 편해지고 욕설하는 고객에 대한 공포와 지속적인 스트레스가 감소되었다는 것입니다. 욕을 듣고 나면 도저히 일이 손에 잡히지 않은 상태에서 연거푸 마음에 내키지도 않는 "죄송하다"라는 말을 내뱉지 않아도 된다는 위안이 무척 크게 다가온다는 것이지요. 또한 초기만 하더라도 하루 욕설, 인격 모독, 협박건이 80건에 이르렀으나 시행 후 반으로 줄어든 것은 매우 고무적이라고 할 수 있습니다.

무엇보다도 전화를 끊은 뒤 고객의 반응이 놀랍습니다. 속으로는 "어! 이게 아닌데….."라고 하면서 전화를 끊는 직원이 괘씸하고 화가 났을지는 모르지만, 실제 전화가 끊긴 고객들 중 97%는 다시 전화할 때는 호통을 치지 않았다고 합니다. 자신들이 욕하고 난리 부린 것에 대해서 스스로 잘못을 알기 때문에 그러한 결과가 나온 것이지요. 그뿐만 아니라 전화를 끊는 것에 대한 불만으로 금융감독원에 접수된 민원 건수는 8개월간 고작 6건에 불과하다고 합니다. 또한 욕설로 인한 민원 10건 중 6건은 1차 경고를 듣고 바로 태도를 바꾼다고 합니다. 이와 함께 상담직원들의 전화 끊기가 혹시 악용될 수 있는 여지에 대한 걱정이 있었는데, 오히려 정상적인 상담으로 유도하려는 수단으로 활용되고 있다는 것이 고무적이라고 연구팀은 밝혔다고 합니다.

이 회사의 경우, 법적인 대처 방안을 쓰지 않고도 고객이 스스로 몰상식한 행위를 멈추게 했다는 사실이 매우 고무적입니다. 다산콜센터의 경우 경고와 함께 재발 시 전담팀으로 이관하고 다시 재발할 경우 법적인 조치를 취해 성희롱이나 욕설을 하는 고객을 감소시킨 사례였다면, 이 회사의 경우는 내부 직원에 대한 철저한 교육과 모니터링을 통해 감소시킨 사례라고 할 수 있습니다.

여기서 필자가 말하고 싶은 것은 접점 직원들을 효과적으로 지원하기 위해서는 말이 아닌 실제 현장에서 체감할 수 있는 방안을 마련하고 이를 적용시킬 수 있어야 한다는 것입니다. 단순히 전화를 끊는 것이 아니라, 해당 고객을 억제할 수 있는 실전 응대 스킬에 대한 보강 및 교육이 필요합니다. 이를 위해 추상적이고 일반적인 상황이나 조건을 주고 전화를 끊으라고 하기보다는 사안별로 구체적이고 명확한 사례와 표현에 따라 전화를 끊게 하도록 해야 한다는 것이지요. 그뿐만 아니라 지속적인 모니터링을 통해 진화해 가는 비이성적인 고객에 대한 응대 스킬이나 프로세스 개선이 병행되어야 합니다.

이와 함께 직원들에게 업무재량권 제공은 물론, 현장에서 실현 가능한 직원 보호 제도나 보호 방안이 마련되어야 합니다. 이와 같은 활동이 체계적으로 현장에 뿌리내리게 되면 좀 더 당당하게 비이성적인 고객의 행동이나 행위에 맞설 수 있는 용기가 생긴다고 생각합니다.

위에서 언급한 대로 욕설이나 폭언을 하는 고객을 응대하는 데 있어 조직차원의 대응도 필요하지만 직원들도 이들 고객에게 단호하며 대응하는 것이 추가적인 행위를 막을 수 있습니다. 단호하게 대응하되 정중함을 잃지 않아야 합니다. 이때 중요한 것은 감정적인 대응은 오히려 일을 그르칠 수 있기 때문에 조심해야 합니다. 단호하게 대응하기 위해서는 자신이 느끼는 감정을 우회적으로 전달하는 것이 바람직한데 예를 들면 아래와 같은 표현을 사용하시면 좋습니다.

"고객님 화가 나시더라도 욕설이나 폭언을 하시면 도움 드리기 어렵습니다. 차분히 말씀해주시면 문제해결을 위해 최선을 다하겠습니다."

만약 "고객님 그렇다고 욕을 하시면 어떻게 합니까? 고객님 같으면 욕하는데 기분이 좋겠습니까?"라고 한다면 이는 고객과 싸우자는 것밖에 안되고 오히려 감정적인 대응을 촉발하여 문제해결을 더욱 어렵게 만드는 결과를 초래하게 됩니다.

이외에도 고객의 욕설이나 폭언을 녹음하거나 증거를 확보하려는 노력이 필요합니다. 녹음이 어렵다면 증인을 확보하거나 응대 후 자신이 경험한 욕설과 폭언에 대한 사실을 포함해 발생한 날짜, 상황은 물론 주요 내용, 그 당시 느꼈던 본인의 기분이나 감정, 메모 등을 확보하는 것이 좋으며 만일 주변에 동료가 있다면 역할 분담을 하여 공동으로 대응하는 것이 바람직합니다. 특히 콜센터처럼 녹취가 되지 않는 대면 접점에서는 만일 사태에 대비하여 상담 일지 및 메모 등을 통해 정황적인 증거를 확보하는 것이 향후 해당 고객 대응 시 일방적인 주장에 효과적으로 대응할 수 있습니다. 물론 사전에 반복적으로 불만을 제기하면서 욕설이나 폭언을 했던 고객이 있다면 사전에 사원증 형태의 녹음기나 어플과 연동되는 디지털 디바이스를 통해 미리 녹음을 준비하는 것도 한가지 방법입니다.

블랙컨슈머 협박에
효과적으로 대처하는 방법

흔히 우리가 알고 있는 협상이라고 하면 협의에 의하여 어떤 목적에 부합된 결정을 하는 일로, 의견불일치(disagreement)가 있는 공통의 관심사에 대해 공동으로 협정(agreement)에 이르기 위해 협의하고 이해시키고 교섭하는 일련의 과정이라고 정의할 수 있습니다.

그러나 블랙컨슈머들이 사용하는 말도 안 되는 수법은 사실 협상이라기보다는 오히려 협잡(挾雜) 또는 협박(脅迫)에 가깝습니다. 협잡이라고 하는 것은 '다른 사람에게 어떤 일을 하도록 위협하는 행위' 또는 '겁을 주며 압력을 가하여 남에게 억지로 어떤 일을 하도록 하는 행위'를 의미합니다. 또한 협박이라고 하는 것은 옳지 아니한 방법으로 남을 속이거나 정당한 방법이 아닌 수단으로 목적한 바를 얻어내는 행위를 의미합니다.

협잡이나 협박의 의미를 풀어서 생각해 보니 정말 협상과는 거리가 있어 보입니다. 몇 차례 말씀드렸지만, 블랙컨슈머들은 자신이 목적한 바를 얻기 위해 다양한 수법을 구사합니다. 그러나 우리나라 속담

중에 '호랑이 굴에 들어가도 정신만 차리면 된다'라는 말이 있듯이 블랙컨슈머와 조우했을 때 이들의 수법을 간파하고 적절히 아래 소개하는 협상법으로 대응한다면, 이들의 말도 안 되는 협박이나 주장을 무력화시키고 물질적인 손해를 최소화시킬 수도 있습니다.

이제 블랙컨슈머들이 사용하는 수법들 중 보상을 요구하면서 협박을 할 때에 어떻게 대처해야 하는지에 대해서 설명하도록 하겠습니다.

먼저, 의도나 목적이 무엇인지 파악하세요.

여러분들도 잘 아시다시피 블랙컨슈머가 이마에 '나는 블랙컨슈머다'라고 써 붙이고 다니는 사람들도 아니니, 이들을 쉽게 구분하기 어렵습니다. 예전에는 뻔히 보이는 수법을 들고 나타나 보상을 요구하는 수준이었다면, 이제는 진화에 진화를 거듭해 다양한 모습과 형태로 나타나는 경우가 많기 때문입니다.

기업의 잘못된 행태나 절차를 바로잡겠다고 나서서 결국 나중에는 보상을 요구하는 블랙컨슈머도 있으며, 선량한 고객을 가장해 나타나 억지 주장이나 말도 안 되는 논리를 내세워 결국 금품이나 기타 혜택을 요구하는 블랙컨슈머도 점차적으로 늘고 있습니다.

따라서 억지 주장하는 사람들의 특징을 분석하고 이들의 행동에 대해서 확보해야 할 증거나 내용 그리고 이들이 의도하는 것이 무엇인지를 정확히 파악하기 위한 질문이나 응대 스킬을 확보하는 것이 중요합니다. 이보다 먼저 선행되어야 할 것은 몇 차례 강조하였다시피 기업 내부적으로 블랙컨슈머에 대한 판단 기준이나 정의가 확립되어 있어야 합니다.

다음으로 직원들이 블랙컨슈머를 대응할 때 수행해야 하는 필수 조치 사항(활동)을 매뉴얼화하는 것입니다. 직원들이 매뉴얼대로 수행했을 때 부담을 느끼지 않을 정도로 자연스럽고 단순한 조치라면 직원들 입장에서도 당연한 듯이 맞대응할 것입니다. 예를 들어 블랙컨슈머를 응대할 때 범위가 통제 영역인지 불(不)통제 영역인지를 구분하거나 블랙컨슈머가 요구하는 주장이나 의견이 수요 가능한 영역인지 아니면 불가능한 영역인지를 명확히 구분 짓는 것입니다.

두 번째, 자신의 책임이나 권한을 사전에 고지하세요.

블랙컨슈머들은 과도하게 보상을 요구하거나 자신의 의도처럼 되지 않으면 책임자나 대표를 바꾸라고 하는 말도 안 되는 요구를 하는 경우가 있습니다. 이들이 벌이는 행동의 메커니즘을 잘 생각해 보면 당연할지도 모릅니다. 자신의 의도대로 되지 않으니 더 이상 해결될 것 같지는 않고, 그러니 무리한 요구를 하는 것이지요.

일반적으로 사람들은 상급자로 올라갈수록 자신이 원하는 것을 쉽게 얻을 수 있다고 생각하거나 더 많은 보상을 얻을 수 있다고 생각하는 경향이 있습니다. 그러나 원칙적으로 현장에서 근무하는 실무자는 회사 대표의 권한을 위임받아 고객과의 문제를 해결할 수 있으며, 대표나 상급자의 경우 고객과 발생한 문제에 대해서 결정 권한이 없음을 명확히 안내하는 것이 바람직합니다.

그러나 이들이 지속적으로 상식 밖의 어긋난 말이나 행동을 지속적으로 한다면, 자신의 권한이나 책임을 사전에 고지하는 것이 매우 중요합니다. 어차피 현장 담당자가 가진 권한이나 책임을 넘어서는 의사 결정 활동은 다양한 문제를 야기할 수 있기 때문에 이러한 자세나 태도를 견지하는 것이 바람직합니다.

또한 책임이나 권한을 사전에 고지했음에도 불구하고 지속적으로 억지 주장이나 상식 밖의 어긋난 행동을 지속할 경우, 관련부서나 책임자에게 관련 내용을 전달하고 회사의 공식적인 입장을 밝히겠다고 얘기를 전달하고 응대를 종료하는 것이 바람직합니다.

해결되지도 못할 일을 붙잡고 시간만 소요하게 하면 오히려 2차 민원이 유발될 가능성이 높으며, 담당자 또한 그 상황에서 벗어나기 힘듭니다. 그뿐만 아니라 제한된 책임이나 권한밖에 없는 상황에서 블랙컨슈머와 맞대응한다는 것은 문제 해결은 되지 않고 소모적인 갈등 유발 및 감정만 소모되기 때문입니다.

세 번째, 감정적인 대응이 아닌 자신이 느끼는 감정을 우회적으로 전달합니다.

자신의 의도대로 되지 않거나 또는 블랙컨슈머가 감정을 흔들기 위해서 쓰는 수법들에 말려 감정을 드러낼 경우, 2차 민원이 유발되는 경우가 있습니다. 이럴 때는 화를 내는 것이 아니라 객관적인 사실이나 정황에 근거하여 자신이 느끼는 유감 또는 감정을 표현하는 것입니다. 여기서 중요한 것은 '감정적인 것'과 '감정을 전하는 것'은 완전히 다르다는 점을 이해해야 한다는 것입니다. 우리가 흔히 응대를 할 때 불안이나 분노, 불편함, 후회, 고통, 유감, 곤란함과 같은 감정을 느꼈다면 이러한 감정을 확인한 후 말로 전달해야 합니다. 다만 감정을 담아 표현하는 것은 다른 차원의 이야기이므로 정말 조심해야 합니다.

예를 들어 "문제 해결을 위해 최선을 다했는데도 불구하고 고객님이 이렇게 말씀하시니 마음이 편치 않습니다."라고 표현해 보는 것입니다. 또는 "고객님, 충분히 이해는 갑니다만 그러시면 문제 해결이 어렵습니다."라고 표현하거나 또는 "고객님이 그리 말씀하시니 정말 안타깝습니다."라고 표현하는 것입니다. 이외에도 "고객님이 그렇게 이해해 주시니 저도 기분이 좋습니다."라거나 "고객님 몇 차례 설명을 드렸으나 이해를 못하신 것 같아 다시 한번 설명을 드리도록 하겠습니다"라는 표현도 이에 해당합니다.

감정을 잘 전달하는 것은 자신의 의도나 감정을 효과적으로 전달하면서도 상대방을 자극하지 않았기 때문에 부담을 느끼지 않아도 되며, 블랙컨슈머에게 자신의 감정이 어떠할지를 생각해 볼 수 있도록 합니다. 감정을 자연스럽게 전달하고자 한다면, 위에서도 말씀드렸다시피 구체적으로 무엇에 대한 감정인지를 상대방이 알 수 있도록 전달해야 효과적입니다. 또한 음성이나 말투는 물론 표정이나 태도와 같은 비언어적인 표현도 자신의 전달하고자 하는 감정과 일치할 수 있도록 해야 합니다.

네 번째, 블랙컨슈머의 의도에 속거나 대화의 흐름 및 분위기에 이끌려 다니지 마세요.

　일반적으로 서비스 업무에 종사하다 보면 직간접적으로 세뇌되는 고객이 기대하는 가치와 기업의 지침 중에 하나가 신속 · 정확한 서비스입니다. 그러나 블랙컨슈머를 응대할 때는 반드시 신속하고 정확하게 해야 할 필요가 있는지에 대해서는 생각해 볼 필요가 있습니다.

　고객도 고객 나름입니다. 물론 사안에 따라 신속하고 정확하게 일을 처리해야 할 때도 있습니다만, 오히려 블랙컨슈머의 경우 신속하게 업무 처리를 하려다가 역으로 이용당할 우려가 있으니 조심해야 합니다. 대표적인 것이 접점 직원들을 개인적으로 압박하면서 빨리 해결해 줄 것을 요구하는 경우입니다. 기업이나 조직을 대상으로는 승산이 없다는 것을 잘 아는 이들은 개인을 압박함으로써 자신이 원하는 것을 얻을 수 있다고 생각합니다.

　잘 생각해 봅시다. 만약 당신이 블랙컨슈머와 대응을 하고 있는 상황이라면 과연 누가 서둘러야 할까요? 시간에 쫓기고 있는 대상은 바로 당신이 아니라 '블랙컨슈머'라는 사실을 잊지 말아야 합니다. 시간이 흐르면 흐를수록 불리해지는 것은 직원들이 아니라 블랙컨슈머라는 사실을 말입니다. 블랙컨슈머와 관련된 문제 발생 즉시 신속하게 대응하는 것은 성의로 비춰질 수 있지만, 문제 발생 후 신속하게 하려는 것은 상황을 더 꼬이게 합니다.

　따라서 블랙컨슈머 응대 시 현장 직원들이 반드시 알아야 할 것은 이러한 블랙컨슈머의 부당한 요구나 주장 또는 의견에 대해서는 서두르지 말고 단호하게 대처하는 것입니다. 그럼에도 불구하고 직원들이 서두르거나 조바심 내는 모습을 보이면 전체적인 흐름은 블랙컨슈머가 주도권을 잡는 형국이 되어서 이후 대처가 상당히 어려울 수 있습니다.

마지막으로, 절차와 규정에 따라 단호하게 대응하세요.

응대해야 하는 범위 또는 블랙컨슈머가 요구하는 주장이나 의견 또는 보상의 범위가 가능한 영역인지 불가능한 영역인지 명확히 구분되었다면, 이를 근거로 단호하게 대응하는 것입니다. 이미 기업의 기준에 근거하여 불가하다는 판단이 섰다면 어떤 상황에서든 블랙컨슈머가 주장하는 불만이나 요구하는 사항이나 주장 및 의견은 받아들일 수 없다는 입장을 굳건히 유지하는 것입니다.

또한 자신이 가진 권한과 책임 내에서만 응대할 수 있도록 해야 하는데 이는 앞장에서도 자의적인 판단을 하지 말라고 당부드렸음을 상기하여 주시기 바랍니다. 블랙컨슈머를 응대하는 직원들 입장에서는 어떤 일이 있어도 회사에서 마련한 규정과 절차에 입각해서 제대로 된 서비스를 제공하면 된다는 사실을 절대 잊지 마시기 바랍니다.

다만 단호하게 대처할 때 유의하여야 할 사항이 있는데, 추가적으로 논의를 이끌어 낼 수 있는 언급은 하지 않도록 해야 한다는 것과 절대로 감정이 개입되지 않도록 짧고 간단하게 그리고 정보 위주로 대응해야 한다는 것입니다. 이에 대한 자세한 사항은 B · I · F · F기법에도 설명을 드렸으니 참고하시기 바랍니다.

블랙컨슈머 응대 과정에서
감정을 자제하는 법

일상생활을 하다 보면 참으로 다양한 사람들을 만나게 됩니다. 특히 현장에서 일하는 직원들에게도 이러한 일은 일상적으로 발생하는데, 문제는 어떠한 상황에서도 자신의 감정과 무관하게 행동해야 하기 때문에 육체적·정신적으로 상처를 안고 산다는 것입니다. 게다가 진상 고객이라도 만날 것 같으면 상처의 무게는 상상을 초월하기 마련입니다. 특히 밑도 끝도 없이 화를 내거나 인신공격을 하거나 욕설 및 폭언을 퍼붓는 사람들을 상대하다 보면 감정을 효과적으로 통제하기 매우 힘든 것이 사실입니다.

대부분의 사람들은 이러한 상황을 마주치게 되면, 적극적으로 대응하거나 회피하는 경향을 보입니다. 만약 적극적을 대응하게 되면 결국 상처를 입게 되는 것은 본인일 수밖에 없습니다. 예를 들어, 진상 고객이나 참기를 강요하는 상사에게 부당함을 느껴 적극적으로 대응하다 보면 결국 자신이 의도하지 않은 상황에 이르게 됩니다. 감정은 계속해서 전이되고 확장되어 나중에는 걷잡을 수 없을 정도가 되어

순간 떠오른 말이나 감정을 아무런 자제 없이 내뱉게 됩니다.

"꺼져! 너 같은 것이 무슨 고객이냐?"
"내가 만만해 보이냐? 한심하다!"
"진짜 미치겠군!"
"내참! 더러워서⋯. 그만두면 될 거 아니야?"

순간적으로 내뱉은 말은 다시 주워 담기도 힘들고, 상황을 심각하게 만들기 마련이죠. 그렇다면 회피를 하는 것은 어떨까요? 흔히 회피라는 것은 결국 문제 해결에는 절대 도움을 주지 않으며, 오히려 감정을 억압하는 형태로 나타나 부작용을 양산할 수 있습니다.

그렇다면 감정을 자제하는 것은 어떨까요? 감정을 자제한다는 것은 감정적으로 반응하는 것이 아니라 의식적으로 감정이나 행동을 통제 또는 조절하는 것을 의미합니다. 감정을 자제할 때 핵심은 바로 '집중'이라고 할 수 있습니다. 감정에 휘둘리다 보면 오히려 집중하기 어려운 상황에 직면하게 되고, 집중이 어려워지면 문제 해결이 어려워지는 상황에 이르게 됩니다.

몇 차례 말씀드렸다시피 일반적으로 자신이 원하는 것을 얻기 위해 일부러 타인의 감정을 자극하는 경우가 많습니다. 감정을 자극하면 흥분하기 마련이고, 흥분하게 되면 이성적으로 대응하기보다는 감정적으로 대응하기 마련입니다. 그렇게 되면 대안이 쉽게 떠오르지 않고 이성적 판단이 마비되어 자신이 원하지 않는 방향으로 흘러가기 마련입니다.

따라서 블랙컨슈머가 아무리 감정을 자극한다고 해도 절대로 그들의 의도에 말려들어서는 안 되며, 마음의 평정심을 유지할 수 있도록 노력해야 합니다. 예를 들어 이러한 상황이 발생하게 된 원인이 무엇인지 그리고 어떻게 해결할 수 있는지에 대해 집중해야 합니다. 이들이 욕을 하고 폭언과 함께 화를 내거나 인신공격을 하는 것은 문제의 본질에서 벗어난 것이므로 이러한 의도에 말려드는 것은 오히려 시간만 축내고 감정만 소진할 뿐, 문제 해결에는 전혀 도움이 되지 않은 결과를 초래하게 됩니다.

다음으로 위에서 언급한 평정심을 유지하는 것이 감정을 자제하는 효과적인 방법입니다. 말이 쉽지, 평정심을 유지한다는 것이 어디 쉬운 일인가요? 그런데 적어도 부정적인 믿음이나 인식을 개선할 수는 있어야 합니다. 현장에 있는 직원들이 비이성적이고 비합리적인 블랙컨슈머를 만나게 되면 머릿속에 온통 부정적인 믿음이나 인식이 자리잡으며, 아래와 같이 끊임없이 부정적으로 자신과의 대화를 하기 마련입니다.

"절대 나는 이 상황을 벗어날 수 없어!"
"내가 할 수 있는 것은 아무것도 없어!"
"나는 이러한 상황이 너무도 싫고 화가 나고 분노가 치밀어!"
"나는 아무리 봐도 이러한 일이 어울리지 않아."
"도대체 나보고 어쩌란 말이지? 이제는 지쳤어. 포기할래."

우리 마음이 불안하면 고개를 들고 나타나는 것이 바로 부정적인 인식이나 믿음이라고 할 수 있습니다. 사람이므로 어쩔 수 없는 현상이지만, 이러한 부정적인 인식이나 믿음을 제거하기 위해서는 더 강한 긍정적 믿음이나 인식을 가져야 합니다. 흔히 말하는 자기 최면이나 자기 암시를 거는 것입니다. 자기 최면이라는 것은 스스로 자신에게 최면을 유도하는 것을 의미하는데, 긍정적인 암시를 통해 자신감을 회복하거나 업무를 효과적으로 처리할 수 있습니다. 중요한 것은 이러한 긍정적인 자기 최면이나 암시를 받아들이지 못하고 고착화된 부정적인 사고의 패턴을 유지하는 사람들은 오히려 더 큰 고통을 받을 수 있다는 사실입니다.

응대 시 분노한 감정을 단계적으로 통제하는 순서

위에서도 진상 고객의 비이성적인 행동에 대해 맞설 때 가장 중요한 것은 집중이라고 하였는데, 자기 암시에 의한 최면이라는 것이

한 가지 사안에 대해서 집중된 상태를 의미하는 것이므로 스스로 해결할 수 있다는 믿음과 자기 암시는 현명한 감정 절제의 방법이기도 합니다.

"이런 상황이라면 충분히 해결할 수 있어."
"고객의 말을 충분히 경청한 다음 현명하게 대처할 거야."
"며칠 전에 겪어 본 상황이어서 문제 해결이 어렵지 않아."
"나는 이 업무에 있어서 전문가야. 이러한 상황을 즐기면서 처리할 수 있어."

블랙컨슈머를 만났을 때 감정을 자제하게 하는 방법 중 하나는 육체적인 활동을 병행하는 것입니다. 예를 들어, 블랙컨슈머가 소리를 지르거나 욕설은 물론 막무가내로 무시할 경우 대부분 신체는 다양한 반응을 나타냅니다. 예를 들어, 얼굴이 붉어지고 심장박동수가 증가하며 몹시 흥분된 상태에서 제대로 된 대응을 할 수 없게 됩니다. 이럴 때는 규칙적인 호흡법을 통해 흥분된 상태를 가라앉힐 수 있도록 해야 합니다. 이후에는 자리를 옮기거나 잠시 양해를 구한 뒤 물을 마시는 등의 활동을 통해 흐름을 끊는 것입니다. 잠시 물을 마시면서 시간을 버는 것만으로도 흥분된 감정을 자제할 수 있고, 이때 생각을 정리하는 것만으로도 훨씬 효과적으로 대처할 수 있습니다. 이외에도 다양한 방법을 통해서 상황이나 고객의 태도에 대한 흐름을 끊어서 감정적인 격앙상태를 누그러뜨리는 것이 바람직합니다.

비대면인 경우에는 즉각적인 대응보다는 양해를 구한 뒤 재통화를 약속함으로써 분위기를 반전시킬 수 있습니다. 재통화를 약속하고 이후에 관련부서 또는 도움을 줄 수 있는 사람들에게 도움을 요청하거나 자신의 생각을 정리하는 것만으로도 자신의 흥분된 감정을 절제할 수 있고, 보다 현명하게 대처하는 데 도움이 되기도 합니다.

PART 3

블랙컨슈머 유형별
처벌 법령 및 사례

전화나 인터넷 등을 통해
반복적으로 욕설이나 폭언하는 경우

정보통신망 이용촉진 및 정보보호 등에 관한 법률

전화나 인터넷 등을 이용하여 불안감을 조성하거나 일정 행위를 지속적으로 반복하는 행위는 「정보통신망 이용촉진 및 정보보호 등에 관한 법률」에 의해 처벌받을 수 있습니다.

정보통신망 이용촉진 및 정보보호 등에 관한 법률 제74조 제1항 제3호에 의하면 공포심이나 불안감을 유발하는 부호 · 문언 · 음향 · 화상 또는 영상을 반복적으로 상대방에게 도달하게 한 자는 1년 이하의 징역, 1,000만 원 이하 벌금에 처한다고 규정하고 있습니다.

업무방해죄(형법 제314조)

형법 제314조에 의하면 고객 자신의 불만을 일방적으로 해소하고 보상을 받기 위해 지속적으로 전화를 하거나 장시간 통화하는 것은 기업의 민원 업무의 정상적인 운영을 방해할 경우 성립되며, 특히 전화를 반복적으로 시도하는 행위는 '위력'에 해당한다는 판례가 있습니다. 특히 반복적인 전화 통화로 인해 피해자가 심리적 압박감이나 두려움을 느꼈다면 이는 피해자의 자유의사를 방해하는 것이므로 '위력'에 해당하며, 실제 업무방해죄의 성립은 업무방해의 결과를 초래할 위험이 성립되면 충분합니다.

정리하자면 반복적인 전화나 문자, 팩스 발송 등을 통해 '위력'에 해당하는 수준에 이르게 되면 해당 기업의 업무는 물론 타 업무에 직접적인 방해를 하지 않았다고 하더라도 업무방해죄가 성립될 수 있습니다.

사례

30대 초반의 이 모 씨는 2010년 6월부터 사흘에 한 번 꼴로 120 다산콜센터에 전화했다. 항상 술에 취한 채 전화를 건 그는 상담원에게 다짜고짜 "××놈아, 이제부터 욕할 거야, 개××들아"라고 욕을 했고 성희롱도 일삼았다. 50대 유 모 씨는 2년간 콜센터에 일상적인 민원이나 질문과 상관없는 전화를 1,651건이나 했으며 술에 취한 상태에서 욕설을 퍼붓거나 성희롱을 했다.

이처럼 콜센터에 전화를 걸어 상습적으로 폭언과 욕설을 일삼은 악성 민원인이 벌금형을 받게 됐다. 서울시에 따르면 서울북부지법은 지난달 13일 악성 민원인 중 이 모 씨에 대해 반복된 악성 민원전화로 상대방에게 공포·불안감을 유발하게 한 혐의(정보통신망법 이용촉진 및 정보보호 등에 관한 법률 위반)로 벌금 400만 원을 선고했다. 서울시는 지난해 9월 악성 민원 근절을 위해 이 씨 등 고질적이고 상습적인 악성 민원인 4명을 검찰에 고소했다. 벌금형이 선고된 이 씨를 제외한 나머지 3명 중 2명은 공무집행 방해 등의 혐의로 각각 1000만 원(2명)과 10만 원(1명) 등 벌금형이 구형돼 조만간 선고가 내려질 예정이다.

출처 : 2013년 동아일보 사회면 "다산콜센터에 욕설 민원인 벌금 400만 원 '철퇴'"

과도한 피해보상 또는 규정에도 없는 요구를 할 경우

협박죄(형법 제283조)

말 그대로 사람에 대한 협박 행위를 함으로써 성립하는 죄인데, 단순히 회사 규정 외 처리를 요구한다고 해서 무조건 손해배상 및 형사처벌을 할 수 있는 것이 아니고 폭행 또는 협박을 동반하는 경우에 협박죄는 물론 강요죄 그리고 금품을 요구하였을 경우 공갈죄에 해당합니다.

협박죄의 경우 기존에는 '피해자가 공포심을 느꼈는지 여부는 불문하고 공포심을 일으킬 정도의 해악을 고지하면 된다'는 설과 '현실적으로 공포심을 느껴야 범행이 성립한다'는 설이 대립하고 있었으나, 상대방이 '현실적으로 공포심을 느꼈는지' 여부와 상관없이 '공포심을 일으킬 정도'의 해악을 고지하는 것으로 성립한다는 대법원 판결이 나왔습니다.

대법원은 "협박죄는 일반적으로 보아 공포심을 일으킬 수 있는 정도의 해악의 고지가 상대방에게 도달해 그 의미를 인식한 이상 현실적으로 공포심을 일으켰는지 여부와 관계없이 구성 요건은 충족된다."고 밝힌 바 있습니다.

공갈죄(형법 제350조)

기업 내부 규정에도 없는 환불이나 과도한 보상을 요구한다고 해서 무조건 형사처벌을 하거나 손해배상을 청구할 수 있는 법적 근거는 없지만, 해당 고객이 자신의 요구를 관철할 목적으로 다른 위법한 수단을 동원할 경우 범죄가 될 수 있습니다. 통상 용인될 수 있는 보상 요구 수준을 뛰어넘는 요구를 하였을 경우, 공갈에 대한 고의 여부를 판단하는 요소로 참작하며 그 수준을 뛰어넘으면 공갈죄로 처벌될 수 있습니다.

사례

A 커피전문점에서 커피와 함께 케이크를 주문한B 씨는 케이크를 취식한 뒤 장염 증세를 토로했으며 곧 병원에 입원했고, 기업측에 병원비를 요구했다. A사는 즉시 해당 제품을 수거해 검사를 실시, 보험 접수 및 B 씨에게 도의적 차원의 장염 치료 관련 비용 보상을 진행했다. 제품 성분 분석 결과 대장균, 살모넬라 등 4개 식중독균 항목이 음성으로 판정됐으며, 제품에 이상이 없었음을 안내했다. 뒤이어 도의적 차원의 보험 처리를 재차 인식시키는 한편, 보험사에서 산정한 장염 치료비 합의도 마무리했다.

그러나 B 씨는 장염 증세의 원인이 밝혀지지 않았음에도 마치 케이크 때문인 것처럼 방송 매체에서 허위 주장을 펼쳤다. B 씨 인터뷰 후 경찰은 A사에 식중독균과 관련해 수사 협조를 요청했으며, 수사 결과 식품의약품 안전처의 성분분석 자료에 따라 케이크에는 아무 이상이 없는 것으로 밝혀졌다. 오히려 B 씨가 A사는 물론 타 커피전문점에도 유사한 불만 사항을 제기해 보상을 명목으로 금전을 갈취해 온 이력이 드러났다. 이에 따라 B 씨는 직업을 속이는 등 공갈 · 협박 · 사기 혐의로 수사를 받았으며, 식품기업을 상대로 한 상습적인 금품 갈취 행위로 급기야 형사처벌까지 받은 것으로 알려졌다.

출처 : 2015년 4월 13일 시사오늘 인터넷판 '도 넘은 블랙컨슈머 백태'

"

업무에 방해가 될 정도로 방문하거나
주위를 배회 또는 행패를 부리는 경우

"

업무방해죄(형법 제314조)

허위 사실을 유포하거나 위계 또는 위력으로 타인의 업무를 방해할 경우 성립하며, 현실적으로 업무에 방해가 되지 않았다고 해도 업무방해죄가 성립됩니다. 국내법에서는 업무를 방해할 우려가 있는 상태가 발생하면 족하다고 규정하고 있으나, 허위 사실을 유포하거나 위계 또는 위력 중 한 가지라도 해당되지 않으면 업무방해죄가 성립되지 않습니다.

일반적으로 업무방해죄에서 말하는 '위력'이라는 것은 '대법원 2005. 5. 27, 2004도 8447'에 의하면 사람의 자유의사를 제압 또는 혼란하게 할 만한 일체의 세력을 말하며, 그것이 유형이든 무형이든 상관없이 폭행 및 협박은 물론 사회적 · 경제적 · 정치적 지위와 권세에 의한 압박을 포함하는 것이라고 규정하였습니다.

따라서 통상적으로 본래 방문의 범위를 벗어나 지속적이고 잦은 방문으로 인해 담당자가 위협을 느끼도록 하거나 자신의 요구를 수용하게 할 목적으로 점거하는 경우에는 위법성을 띠고, 그 방문이나 점거 행위가 정상적인 운영을 방해할 정도에 이른 경우에는 업무방해죄가 성립할 수 있습니다. 그뿐만 아니라 큰 소리를 지르거나 고성능 확성기를 등을 사용하여 정상적인 업무 수행이 곤란하게 하며 옷에 글씨 등을 쓰는 방법으로 기업을 비방하거나 그 내용이 상당 부분 거짓인 경우에는 허위 사실 유포 또는 위계에 의한 업무방해죄가 성립할 수 있습니다.

주거침입죄(형법 제319조)

사람이 주거하거나 관리하는 건물, 선박이나 항공기 또는 점유하는 방실에 침입하여 주거 내에서의 평온과 안전을 침해하는 것을 내용으로 하는 범죄입니다. 흔히 고객센터나 영업소 또는 헬프데스크 등 일반인의 출입이 가능한 곳이라고 하더라도 범죄 목적으로 방문하거나 해당 거주자나 직원들이 방문의 진실한 의도를 인식하여 그 출입을 허락하지 않았을 것으로 보이는 경우에는 주거침입죄에 해당한다고 판시한 경우도 있으며, 근무 또는 출입시간 이후에 들어오는 것도 주거침입죄에 해당합니다. 또한 적법한 절차를 거쳐 출입했다고 하더라도 거주자 또는 직원의 정당한 퇴거 요구를 받았음에도 불구하고 나가지 않았을 경우 퇴거불응죄가 성립될 수 있습니다.

판례

신고한 옥외집회에서 고성능 확성기 등을 사용하여 발생된 소음이 82.9dB 내지 100.1dB에 이르고, 사무실 내에서의 업무를 위한 전화통화, 대화 등이 어려웠으며, 밖에서도 부근을 통행하기조차 곤란하였고, 인근 상인들도 소음으로 인한 고통을 호소하는 정도에 이르렀다면 이는 위력으로 인근 상인 및 사무실 종사자들의 업무를 방해한 업무방해죄를 구성한다고 한 사례가 있습니다.

출처 : 대법원 2004.10.15., 2004도4467

직원에게 폭력을 행사하는 경우

폭행죄(형법 제260조)

형법 제260조에 규정해 놓은 폭행죄는 사람의 신체에 폭행을 가함으로써 성립하며, 직접 신체에 접촉하지 아니한 행위라고 할지라도 폭행에 해당할 수 있습니다. 피해자의 신체에 공간적으로 근접하여 고성으로 폭언이나 욕설을 하거나 동시에 손발이나 물건을 휘두르거나 던지는 행위는 직접 피해자의 신체에 접촉하지 아니하였다 하더라도 피해자에 대한 불법한 유형력의 행사로서 폭행에 해당될 수 있습니다.

그러나 전화기를 통한 고성은 폭행죄에 해당하지 않는다는 점은 알아 두셔야 합니다. 2003년 대법원의 판례에 의하면, 거리상 떨어져 있는 사람에게 전화기를 이용하여 전화하면서 고성을 내거나 대화를 녹음 후 듣게 하는 경우에는 특별한 사정이 없는 한 신체에 대한 유형력의 행사를 한 것으로 보기 어렵다(2000도5716)고 판결을 내린 사례가 있습니다.

상해죄(형법 제257조)

형법 제257조에 규정해 놓은 상해죄는 사람의 신체를 상해함으로써 성립하는 범죄입니다. 상해죄나 폭행죄 모두 신체의 완전성을 침해하는 범죄이기는 하지만, 상해죄의 경우 위에서 규정해 놓은 폭행죄와 달리 생리적 기능 훼손을 초래한 경우에만 인정됩니다. 즉, 가해자가 상대방의 신체에 생리적 기능에 장애를 일으켰을 때 발생합니다.

전문가들에 의하면, 폭행죄와 상해죄의 차이는 폭행을 당해 상처를 입었느냐의 여부에 따라 달라진다고 말합니다. 만약 상처를 입어 병원에서 진단서를 발급받았다면 폭행죄가 아닌 상해죄로 처벌받을 수 있습니다. 폭행죄는 단순폭행일 경우, 상해 정도가 크지 않아 피해를 입은 상대방이 처벌을 원하지 않을 경우 처벌하지 않은 반의사불벌죄가 적용됩니다. 그렇지만 폭행으로 인해 병원에서 치료를 받거나 입원을 할 경우 또는 진단서를 발급받을 경우 이는 폭행죄가 아닌 상해죄가 적용됩니다. 따라서 상해죄가 적용되면 피해자와 합의가 이루어진다고 해도 처벌을 받습니다.

사례

현대백화점 부천 중동점에서 이른바 '갑질' 소동을 일으킨 모녀 중 어머니인 50대 여성이 폭행 혐의로 경찰에 입건됐다. 25일 부천원미경찰서에 따르면 주차 아르바이트생 4명을 무릎 꿇리고 폭언을 한 백화점 모녀가 지난 22일 경찰에 출두해 조사를 받았고, 다음 날 어머니 A(53)씨를 폭행 혐의로 불구속 입건했다. 하지만 경찰은 현장에 함께 있었던 30대 딸은 혐의점이 없어 입건하지 않았다고 덧붙였다. A씨는 지난해 12월 27일 이 백화점 지하주차장에서 자신의 차량에서 대기 중 주차요원에게 차량 이동 요구를 받았으나 이동하지 않고, 주차요원이 자신의 차량 앞에서 복싱 자세를 취했다는 이유로 이들을 무릎을 꿇리고 폭행한 혐의를 받고 있다.

출처 : 2015년 1월 26일 경향신문 사회면, "'갑질'백화점 모녀…50대 어머니 폭행 혐의 입건"

직원을 협박하는 경우

협박죄(형법 제283조)

직원을 협박하는 행위는 명확한 범죄 행위입니다. 협박죄는 상대방으로 하여금 '현실적으로 공포심을 느꼈는지' 여부와는 상관없이 '공포심을 일으킬 수 있을 정도'의 해악을 고지하는 것으로도 성립한다는 대법원 판결이 나왔습니다. 또한 최근에는 SNS를 통해 '협박'을 하는 것도 글의 표현방식에 따라 범죄가 성립될 수 있다고 판단하는 사례가 있습니다.

협박죄가 성립하기 위해서는 몇 가지 요건이 성립하여야 합니다. 먼저 협박하는 내용이 실체로 발생할 수 있다고 생각될 정도로 구체적이어야 합니다. 그러나 협박 내용이 사회의 관습이나 윤리관념 등에 비춰 사회통념상 받아들여질 정도라면 협박죄에 해당하지 않습니다. 따라서 협박죄의 경우, 협박 행위나 협박의 고의성 여부는 협박의 경위와 피해자와의 관계 등을 종합적으로 고려해 판단하도록 하고 있습니다(2011도2412).

상대에게 알린 해악의 내용이 당시 주변 상황, 상호 간에 친한 정도, 지위 및 성향 등 다양한 사정을 종합 판단하며 종합한 결과 상대방에게 공포심을 일으키기에 충분하다면 협박죄에 해당합니다.

공갈죄(형법 제350조)

공갈죄라는 것은 사람을 공갈하여 자신 또는 제3자로 하여금 재물을 교부하거나 재산상의 이득을 취득함으로써 성립하는 범죄를 의미합니다. 형법상 공갈이라는 것은 일반적으로 폭행 또는 협박으로 상대방의 하자 있는 의사를 이용하려는 상태를 의미하지만, 폭행이나 협박이 상대방의 의사를 억압할 정도여야 할 필요는 없습니다.

공갈에 있어 상대방은 재산상의 피해자와 동일함을 요하지 아니하지만, 공갈의 목적이 된 재물 기타 재산상의 이익을 처분할 수 있는 사실상 또는 법률상의 권한을 갖거나 그러한 지위에 있음을 요한다고 판결하였습니다(대법원 2005.9.29., 2003도709).

사례

피고인은 1,970원에 구입한 소고기육포에서 이물질을 발견하였다. 피고인은 2010. 12. 1. 00:59경 인터넷을 이용하여 피해자에게 마트에서 사 온 육포에서 '동물의 하얀 털과 검은 털, 벌레의 유충, 배설물이 나왔고, 귀사에서 제조되어 유명 대형 유통마트에 납품된 제품이 이러하다는 것을 알게 된다면 귀사의 제조, 제품관리, 사후관리 등의 대해 실망감이 클 것이며, 문제의 육포사진 원본을 추후 언론 및 인터넷 포털, 농림부 등 주변에 알리지 않는 조건으로 현금 1억 원을 보상 바란다.'는 내용의 이메일을 보내어 겁을 주었다. 그러나 피해자 측은 실제로 금품을 교부하지는 않았다. (2011고단1969)

결국 피고인은 대전지방법원으로부터 징역 8개월에 집행유예 2년, 사회봉사 120시간의 처분을 받았다.

잘못된 상황에 대한
공개 사과를 요구하는 경우

강요죄

강요죄의 경우 국내 형법에서는 '폭행 또는 협박으로 사람의 권리행사를 방해하거나 의무 없는 일을 하게 한 자는 5년 이하의 징역 또는 3천만 원 이하의 벌금에 처한다'고 규정하였습니다(개정 1995.12.29., 2016.1.6.). 무조건 공개 사과를 요구한다고 해서 형사처벌은 물론 손해배상을 청구할 수 있는 법률적인 근거는 없지만, 만일 공개사과를 요구하는 과정에서 협박은 물론 폭행이 동반되었을 경우 형법상 강요죄로 처벌받을 수 있습니다.

법률 전문가들에게 의하면, 문서를 제출하라거나 공개 사과를 거부하는 행위에 대해서 법적 근거를 요구하는 경우도 있으나 이는 헌법상 명시되어 있는 '양심의 자유'에 반하게 되는 것이어서 현행법상 존재하지도 않습니다. 따라서 잘못된 상황에 대한 공개 사과를 요구할 경우, 그러한 요구에 응할 필요는 없습니다. 만약 고객이 공개사과를 원하는 이유 자체가 타당하고 충분히 그럴 수 있다고 판단될 경우,

이를 혼자 해결하려고 하지 말고 법무 관련 부서나 주위 동료와 매니저 등과 충분히 상의를 거쳐 결정하는 것이 바람직합니다.

잘 아시다시피 블랙컨슈머가 4대 일간지 또는 공영 방송 채널에 사죄광고를 하라고 하는 것은 말도 안 되는 억지이며, 실제 이들이 원하는 것은 결국 보상으로 귀결되는 경우가 많으므로 이들이 실제 원하는 것이 무엇인지를 정확히 파악하는 것이 중요합니다. 만약 이들의 의도가 결국 금전적인 보상으로 드러났을 경우에는 본문에서도 설명하였다시피 조직에서 마련해 놓은 원칙에 따라 금전적 보상은 어렵다는 입장을 단호하게 전달해야 합니다. 또한 공개사과를 요구하는 과정에서 폭행이나 협박이 동반되었을 때 형법상 강요죄로 처벌받게 된다는 사실도 미리 인지하셨으면 합니다. 만일을 대비해 녹취는 물론 녹화 등 증거물 확보는 기본입니다.

직원에게 욕을 하거나 있지도 않은 사실을 가지고 모욕을 주는 경우

명예훼손죄(형법 제307조) 또는 모욕죄(형법 제311조)

최근 개인미디어의 발달로 인해 다양한 고객채널이 늘어나면서 블로그를 포함한 SNS를 통해 기업의 부정적인 이미지를 전파하고 확산시키려는 시도가 많습니다. 이를 빌미로 보상을 요구하는 블랙컨슈머도 증가하고 있습니다.

국내 법에서는 공연히 진실한 사실 및 허위 사실을 적시하여 사람의 명예를 훼손한 자는 형법 제307조에 의하여 처벌할 수 있습니다. 그러나 출판, 신문, 잡지는 물론 인터넷이나 SNS 등에 의한 명예훼손은 전파력으로 인한 파괴력이 커, 일반 명예훼손보다는 가중처벌하고 있습니다.

공연히 사람을 모욕하는 죄를 '모욕죄'라고 하며, 구체적인 사실의 적시가 아니라 단순하게 추상적 판단이나 경멸적 감정의 표현(욕설)을 하는 것은 모욕죄에 해당합니다. 모욕죄가 성립되기 위해서는 피해자가 명확히 구분될 수 있도록 특정되어야 하며, 여러 사람들이 보

거나 듣는 등 공연성이 확보되어야 하고, 사회적 평가를 저하시킬 정
도로 경멸적 표현이어야 합니다. 모욕죄나 명예훼손죄 모두 공연성
이 판단 기준이지만, 사실의 적시를 필요로 할 경우 명예훼손죄에 해
당하고 그렇지 않은 경우 모욕죄가 적용됩니다.

예를 들어 '아무개는 ○○기업 ○○○로부터 ○○○원의 뇌물을 받아
먹었다'와 같이 구체적인 특정사실을 적시하여 피해자의 사회적 가치
나 평가가 저하되었다면 명예훼손죄가 성립되는 반면, '미친 XX, 망
할 년, 개 X같은 XX, 건달깡패' 등과 같이 구체적인 사실을 적시하지
않고 경멸의 의미로 의사 표시를 추상적으로 한 경우에는 모욕죄가
성립됩니다.

사례

대법원은 '꼬맹이, 추잡한, 한심한, 거지같은' 등의 용어를 사용해 인터넷 사이트에 댓
글을 올린 네티즌(61)에 대한 상고심에서 원심과 마찬가지로 유죄(벌금 30만 원)를 확
정했다. 이 사건에서 재판부는 제3자가 댓글을 보든 안 보든 다수의 사람이 보는 인터
넷 사이트에 모욕하는 글을 일단 게재한 것만으로 모욕죄가 성립한다고 판시했다(대
법원 2007도3438, 2007.6.28.선고).

피해자를 모욕하는 내용의 대화명(사장 씨발××를 ×까는 ××)을 메신저 대화의 상
대방들이 쉽게 볼 수 있도록 놓아 둔 행위만으로 공연성(公然性)이 인정되고 모욕죄가
성립된다고 판시한 경우도 있다.

대법원 2004도8351, 2005.2.18.선고

> ##
> # 자신의 블로그에 올리거나
> # 언론사 제보 및 신고하겠다고 하는 경우
> ""

정보통신망법 위반죄(정보통신망법 제70조)

블로그를 포함한 SNS의 확산은 물론 스마트폰의 확대 보급 등 정보통신망이 비약적으로 발전하면서 정보통신망에 의한 범죄를 체계적으로 다루기 위해 등장한 것이 바로 '정보통신망 이용촉진 및 정보보호 등에 관한 법률(이하 '정보통신망법')입니다. 흔히 블로그를 포함한 SNS를 통해 기업을 비방하는 리스크 버즈(Risk buzz)가 발생했을 경우 형법상 명예훼손죄 또는 정보통신망법에 의해서 처벌을 받을 수 있습니다.

정보통신망법은 사람을 비방할 목적으로 정보통신망을 통하여 공공연하게 사실을 드러내거나, 거짓의 사실을 드러내어 다른 사람의 명예를 훼손하는 자에 대하여, 형법상 명예훼손보다 엄중한 징역형 또는 벌금형에 처할 수 있도록 규정하고 있습니다. 사람이 인터넷에 게시물을 작성하면서 기업에 대하여 적시한 사실이 진실인지 허위인지 여부는 본 죄의 성립에 영향이 없고, 오직 글을 작성한 사람에게 당시 '비방의 목적'이 있는지 여부가 본 죄의 성립에 있어 매우 중요합니다.

형법상 명예훼손죄

블로그 게재 또는 언론사에 제보한 내용이 정보통신망법상 명예훼손에 해당되지 않는다고 하더라도 형법상의 명예훼손은 정보통신망법과 달리 '비방할 목적'을 법 구성 요건을 요구하지 않으므로 명예훼손이 성립될 가능성도 있습니다. 게재 또는 제보한 내용이 사실인지와 추상적 판단인지 여부 그리고 게재된 사실이 진실인지 여부와 게재 및 제보한 내용이 타인에게 올바른 정보를 주기 위한 목적인지 여부를 판단하여 이것이 단순한 정보 공유 차원이라면 범죄가 되지 않지만 반대의 경우 사안에 따라 모욕죄 성립을 검토하거나 또는 정보통신법상 명예훼손죄가 성립되는지 여부를 판단하기도 합니다.

판례

'사람을 비방할 목적'이란 가해의 의사나 목적을 필요로 하는 것으로서, 사람을 비방할 목적이 있는지는 해당 적시 사실의 내용과 성질, 해당 사실의 공표가 이루어진 상대방의 범위, 표현의 방법 등 그 표현 자체에 관한 제반 사정을 고려함과 동시에 그 표현으로 훼손되거나 훼손될 수 있는 명예의 침해 정도 등을 비교·고려하여 결정하여야 한다. 또한 비방할 목적은 행위자의 주관적 의도의 방향에서 공공의 이익을 위한 것과는 상반되는 관계에 있으므로, 적시한 사실이 공공의 이익에 관한 것인 경우에는 특별한 사정이 없는 한 비방할 목적은 부인된다. 공공의 이익에 관한 것에는 널리 국가·사회 그 밖에 일반 다수인의 이익에 관한 것뿐만 아니라 특정한 사회집단이나 그 구성원 전체의 관심과 이익에 관한 것도 포함한다(대법원 2009.5.28.선고 2008도8812판결, 대법원 2010.11.25.선고 2009도12132판결, 대법원 2012.1.26.선고 2010도 8143판결 등 참조).

> **❝**

해당 직원을 퇴사
또는 징계하라고 하는 경우

> **❞**

강요죄

가끔 말도 안 되게 직원이 불친절하다며 해당 직원을 자르거나 징계하라고 요구하는 블랙컨슈머들이 있습니다. 말 그대로 '말도 안 되는 요구'라고 할 수 있으며, 당연히 징계 또는 퇴사시키는 일이 있어서도 안 됩니다.

일반적으로 응대 과정에 있어 기업에서 규정해 놓은 매뉴얼에 근거하여 직원이 매뉴얼에 있는 대로 진행하였고 약관이나 기타 고객서비스와 관련한 규칙에 위배되는 행동을 하지 않았음에도 불구하고, 이를 꼬투리 잡아 퇴사 또는 징계하라는 말도 안 되는 요구를 한다면 기업에서는 이를 수용해야 할 의무나 법률적 근거, 계약상의 의무는 없습니다.

만일 현장에서 직원이 매뉴얼대로 친절하게 응대했음에도 불구하고 '불친절하다'거나 '직원의 태도가 마음에 들지 않는다'는 주관적인 느낌이나 주장을 통해 직원들을 협박하거나 금전적인 이익을 요구할 경우, 협박죄 또는 공갈죄가 성립될 수 있습니다.

다만 고객이 불친절을 주장하며 꼬투리를 잡는 행위나 직원으로 하여금 불친절한 반응을 유도해 내려는 행위만으로는 범죄가 성립하지 않습니다. 이는 위에서 언급한 바와 같이 주관적인 판단이나 주장이기 때문입니다. 객관적으로 증명할 수 있는 명백한 사실이나 증거가 없으면 블랙컨슈머의 부당한 행위에 대해서도 법적 대응하기가 어렵습니다.

또한 기업 입장에서도 이러한 직원들을 퇴사 또는 징계할 경우에도 문제는 발생합니다. 위에서 언급한 바와 같이 회사에서 규정한 매뉴얼에 근거하여 고객을 응대하였음에도 불구하고 직원을 퇴사 또는 징계한 경우에는 해고 자체가 무효가 됩니다. 대법원 판결에 의하면, 회사가 해고 요건과 절차를 준수하지 않고 직원에게 사직서 제출을 강요해 받아낸 사직서는 무효입니다. 정당하게 해고했다는 점을 기업이 입증하지 못할 경우, 부당해고가 되어 해고 자체가 무효가 되는 것입니다.

말꼬리를 잡거나 책임자 면담 요구 또는 동일한 민원을 반복 제기하는 경우

현장에 있다 보면 흔히 아무것도 아닌 것을 가지고 계속해서 말꼬리를 잡고 늘어지는 경우가 있습니다. 대부분 보상이나 교환 또는 환불 등 금전적인 목적을 달성하기 위해서 직원들의 불친절한 반응을 유도해 내기 위해 이와 같은 행위를 반복하는 경우가 있습니다. 예를 들어 수시로 전화해서 요금을 물어보고 말꼬리를 잡아 잘 응대하지 못하면 불친절하다고 컴플레인을 제기하는 행위는 지극히 주관적이어서 보상해 주기도 어려울뿐더러 말꼬리를 잡는 행위가 단순히 억지 주장이라는 것을 보여 주는 명백한 증거로 활용되기 어렵기 때문에 이러한 행위만을 가지고 법적 대응을 하기는 어렵습니다.

사실 욕을 하거나 소리를 지르며 난동을 부리거나 고의적으로 장시간 통화를 할 경우 업무방해죄가 성립할 수 있으나, 접점에서 사소하게 말꼬리를 잡는 행위를 하거나 단순히 상급자를 바꾸라고 요구한다고 해서 또는 동일한 민원을 반복적으로 제기한다고 해서 이를 형사 처벌이나 손해배상을 할 수 있는 법적 근거는 없습니다.

또한 단순하면서도 동일한 민원을 반복적으로 제기하는 행위에 대해서도 형사처벌은 물론 손해배상을 물게 할 수 있는 법률적 근거는 어디에도 없습니다. 따라서 이러한 고객의 행위는 응대 스킬이나 내부 대응 프로세스를 통해 해결해야 하는 문제라고 할 수 있습니다.

다만 이러한 행위를 진행하는 과정에서 위에서 언급한 폭언이나 폭력 또는 강요 행위나 협박 및 업무 방해 행위에 대해서는 법적 대응이 가능합니다.

PART 4

유형별 블랙컨슈머 응대 시
필요한 실전 테크닉

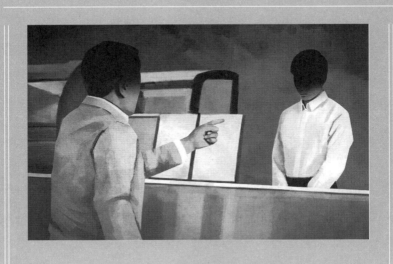

왜 그들은 '돈'이 아니라
'성의'로 보상을 하라고 할까요?

예를 들어 통조림에 이물질이 들어갔다거나 또는 음식점에서 음식물에 이물질이 들어갔다거나 치과 치료 후 치아 손상을 이유로 클레임을 제기하는 상황이 발생했다고 가정해 보세요. 일부 상황을 모르는 블랙컨슈머의 경우 직접적으로 돈을 내놓으라고 하는 경우도 있겠지만, 대부분의 경우 직접적으로 '돈'이라는 말을 꺼내지 않습니다. 대신 '성의'를 보여 달라고 하는 경우가 일반적입니다. 그렇다면 왜 직접적으로 '돈'이라는 말을 꺼내지 않을까요? 만약 고객이 직접 '돈'이라는 말을 꺼내거나 과도한 '서비스'를 요구한다면 어떻게 해야 할까요?

먼저 블랙컨슈머가 직접적으로 '돈'이라는 말이나 '서비스'라는 말을 하게 되면 공갈죄가 성립될 수 있음을 알고 있어 정확히 표현하기 어렵기 때문에 '성의'라는 표현을 에둘러 사용하는 것입니다. 따라서 "성의를 보여라"는 말은 일반적으로 현물이나 금품을 요구하는 것이며, 응대하는 입장에서 '성의'라는 것은 '돈'이나 '금품'이 아닌 경우가 많습니다. 실제 현장에서도 '성의'라는 말을 사전적으로 이해하고 응대하는 경우가 적지 않습니다. 따라서 고객이 말하는 '성의'와 응대하는 입장에서의 '성의'가 같은 것인가를 바탕으로 커뮤니케이션 하는 것이 바람직합니다.

예를 들어 아래와 같은 표현을 써서 블랙컨슈머가 의미하는 '성의'라는 것이 어떤 것인지를 명확하게 파악할 필요가 있습니다. 좀 더 명확하게 그들의 의도와 의미를 들어 봐야만 그들이 말하는 '성의'가 무엇인지를 알 수 있고, 추후 대응이 가능해집니다.

[실전 응대 표현]

"고객님, 저희들로서는 최선을 다해서 고객 만족을 위해 노력하고 있으며 진심과 정성을 다해 고객님이 만족하실 수 있게끔 해 드리는 것이 '성의'라고 생각하고 있습니다. 혹시 죄송하지만 고객님께서 말씀하시는 성의란 무엇인지 알려 주실 수 있으신가요? 어떻게 하면 저희의 성의가 전해질 수 있을까요?"

위와 같은 응대를 통해 명확하게 '성의'라는 표현의 의미를 파악하고 고객이 '돈'이나 '금품'을 요구할 경우 해당 응대 또는 법적 조치를 취할 수 있습니다. 물론 이러한 고객의 의도에 대해서는 사전에 녹음이나 녹취 등 증명할 자료를 확보하는 것이 우선되어야 합니다. 다만 고객의 의도를 파악할 때 잇달아 질문한다거나 취조하듯이 묻는 것은 바람직하지 않다는 점을 기억할 필요가 있습니다.

> **장시간 통화로
> 고객 응대 시간이 길어지는 경우
> 어떻게 해야 할까요?**

비대면 창구건 대면 창구건 가장 짜증나는 것이 바로 별일도 아닌 것을 가지고 장시간 통화를 하는 경우입니다. 외부 강의를 나가서 교육 참석자를 대상으로 블랙컨슈머에 대한 정의를 내리라고 하면 빠지지 않고 등장하는 것이 바로 장시간 통화 고객입니다.

이러한 고객들은 단순히 금품이나 피해 보상을 위해 장시간 통화를 하지 않습니다만, 업무를 처리해야 하는 직원들 입장에서는 여간 고역이 아닐 수 없습니다. 특히 우리나라처럼 베이비부머 세대가 은퇴를 앞두고 있는 사회 인구 구조하에서는 이러한 고객들이 더 늘어날 것으로 예상됩니다. 물론 이들 중에서도 상품이나 서비스에 대한 불만 또는 보상을 목적으로 장시간 통화를 하는 사람들도 있겠지만, 대부분은 단지 외로움으로 인해 사람과의 통화를 목적으로 접근하는 경우가 많습니다.

현장에 있을 때 자녀 출가 후 대화할 사람이 없는 노인이나 사회적으로 문제가 되고 있는 은둔형 외톨이인 경우, 장시간 통화를 요구하기도 합니다. 이럴 경우 사전에 시간을 정하여 대응하는 것이 좋으며, 상황을 설명하고 바쁜 경우에는 상대방의 인적 사항과 연락처 및 용무를 간단히 메모하여 추후 통화를 약속을 한 뒤 통화를 종료하는 것이 좋습니다.

그러나 문제는 직원의 태도나 서비스 및 상품에 대한 문제점을 집요하게 물고 늘어지거나 별것도 아닌 것을 가지고 시시비비를 가리려고 하는 사람들입니다. 이러한 사람들에 대해서는 짧게 통화하고 계속해서 단호한 자세를 유지하는 것이 좋습니다. 먼저 통화 내용을 요약 및 확인한 후 아래와 같이 단호하고 명확하게 대처합니다.

[실전 응대 표현]

"고객님께서 말씀하신 내용은 [내용 확인 및 요약]입니다. 죄송합니다만 고객님, 말씀드렸다시피 해당 사안은 지금 당장 결과를 말씀드리기 어려운 사안이므로 전화를 끊도록 하겠습니다."

"관련 내용에 대해서는 더 이상 드릴 말씀이 없습니다. 동일한 사안에 대해서 몇 차례 말씀드렸음에도 불구하고 장시간 통화로 인해 업무에 지장을 받고 있으니 전화를 끊도록 하겠습니다.

장시간 질문하는 사람들에게는 역으로 질문을 던져서 구체적인 내용이 무엇인지를 파악하는 것도 한 가지 방법입니다만, 장시간 통화 고객은 이미 정도를 벗어난 고객이므로 이러한 응대로는 방어하기 힘듭니다. 따라서 정중하지만 단호하게 의사를 표현하고 전화를 끊는 것이 바람직합니다.

이러한 조치에 대해서 난리를 치지 않을까 걱정이 되기도 하겠지만, 단호한 응대는 역으로 장시간 통화 고객의 의욕을 저하시키는 효과를 기대할 수 있습니다. 이를 위해 장시간 통화에 대한 정의와 그에 따른 단선 정책이나 매뉴얼이 갖추어져 있으면 한결 응대하기 쉽습니다. 중간중간에 장시간 통화에 대한 회사의 규정이나 대응 조치에 대한 안내가 병행되면 오히려 장시간 통화에 대한 고객의 의지를 꺾어 놓을 수 있습니다.

> ## 현장에서 직원에게
> ## 무릎을 꿇으라고 강요하면
> ## 어떻게 해야 하나요?

현장에 있다 보면 가끔 일부 몰지각한 사람들이 직원들을 대상으로 무릎을 꿇으라고 부당한 요구를 하는 경우가 있습니다. 몇 년 전, 인천에 있는 백화점 귀금속 팬시점에서 점원을 대상으로 무릎을 꿇으라고 한 일이나 부천에 있는 백화점 지하주차장에서 주차요원에게 부당하게 무릎을 꿇게 한 것이 대표적입니다.

백화점은 물론 고객 만족을 위해 열심히 일하는 접점 직원을 대상으로 욕설과 폭력을 행사하는 경우도 빈번하게 발생하고 있으며, 무엇보다도 무릎을 꿇게 하고 사과를 요구함으로써 굴욕감을 느끼게 하는 등의 행위를 일삼는 고객도 많습니다. 일부 고객의 이러한 부당한 요구는 특성상 비대면보다는 대면 채널에서 많이 발생하며 따라서 심적인 부담이 큰 것이 사실입니다. 그렇다면 고객이 무릎을 꿇으라고 한다면 무릎을 꿇어야 할까요?

이러한 일이 현장에서 발생하면 먼저 고객이 무릎을 꿇으라고 한 것에 대해서 어떻게 응대를 해야 할지를 고민해야 합니다. 일반적으로 고객들은 기업을 인식할 때 싱글뷰(Single view) 체계로 인식하기 때문에 문제 해결 주체는 말단 종업원이든 회장이든 중요치 않습니다. 즉, 어떤 대상이든지 회사의 책임자로 인식한다는 것이죠. 따라서 고객의 협박이 무서워 또는 조용히 마무리짓거나 일을 크게 벌이지 않기 위해 무릎을 꿇게 되면 기업의 잘못을 스스로 인정하는 것이 되므로 올바른 대응 방법이라고 할 수 없습니다. 오히려 나중에 조직의 후속적인 대응을 어렵게 할 수도 있습니다.

　모두 그런 것은 아니지만, 일부 블랙컨슈머의 경우 이렇게 무릎을 꿇고 있는 것을 사진이나 동영상으로 찍어 악용하는 사례도 있으므로 특히 주의가 필요합니다. 만약 고객이 무릎을 꿇으라고 한다면, 아래와 같이 단계적으로 대응하는 것이 바람직하며 무엇보다 무릎을 꿇지 않고 동일한 응대 태도 및 자세를 유지하는 것이 중요합니다. 왜냐하면 고객이 강제로 무릎을 꿇게 하는 과정에서 신체를 접촉하게 되면 폭행죄가 성립될 수 있기 때문입니다. 반대로 고객과의 신체 접촉이 발생할 경우 사실과 무관하게 고객으로부터 폭행죄로 고소를 당할 수 있으므로, 고객 응대 시에는 신체 접촉이 발생하지 않도록 각별히 유의하여야 합니다.

[실전 응대 표현]

"고객님, 저희 서비스에 불편을 느끼셨다니 정말 죄송합니다. 혹시 우리 회사의 어떤 서비스에서 불편을 느끼셨다는 것인지 말씀해 주실 수 있겠습니까?"

[무릎 꿇으라는 말을 듣지 않고 동일한 자세 유지] "진정하시고 저에게

말씀해 주시면 문제 해결을 위해 최선을 다하도록 하겠습니다."

"지금 고객님이 무릎을 꿇으라고 하는 것은 향후 문제가 발생할 수 있는 소지가 있으므로 화를 푸시고 말씀 주시면 문제 해결을 위해 최선을 다하도록 하겠습니다."

　무릎을 꿇으라고 강요하는 고객에게는 몇 차례 정중하게 해당 요청을 거절했음에도 불구하고 지속적으로 강요를 할 경우 '향후 문제가 발생할 수 있는 소지가 있다'라는 메시지를 전달하는 것도 한 가지 방법입니다. '죄'라는 말을 할 경우 오히려 고객을 더욱 흥분하게 하여 응대를 어렵게 할 수 있으므로 주의하여야 합니다.

　이렇게 동일한 응대태도를 유지하면 고객 입장에서도 압박을 느끼고 강요를 멈출 수밖에 없습니다. 전문가에 의하면 무릎을 꿇게 하는 행위 자체는 폭행이 아니지만, 무릎을 꿇릴 때 어떤 말을 하면서 꿇게 했느냐가 처벌의 기준이 될 수 있다고 합니다. 예를 들어 "본사에 전화해서 당신 같은 사람은 당장 해고하도록 하겠다."라는 말을 듣고 순간 겁을 먹어 무릎을 꿇었다면 협박죄가 성립될 수 있다는 것이지요. 즉, 무릎을 꿇는 행위에 있어서 자발적이었느냐, 아니면 강요에 의한 것이냐에 따라 폭행죄도 성립될 수 있습니다.

　예를 들어 한 시간 이상 무릎을 꿇리게 하였다면 그리고 외부적인 요인에 의해서 그와 같은 행위가 지속되었다면 폭행죄에 해당합니다. 또한 고성을 지르는 행위도 상황에 따라 폭행으로 보는 판례도 있으므로 법적인 내용을 명확히 알고 대응하는 것도 필요합니다. 실제 부천에서 발생했던 지하주차장 갑질모녀 사건의 경우, 주차요원이 경찰서에서 위해(危害)의 위험성 때문에 어쩔 수 없이 무릎을 꿇었다고 진술함에 따라 해당 고객 중 어머니만 폭행죄가 성립되어 불구속 입건되었습니다.

수시로 사장이나 책임자를 찾는 고객은
어떻게 대응해야 하나요?

아마 대면 접점이나 비대면 접점의 직원들이 클레임 관련해서 가장 많이 받는 전화 중 하나가 바로 "사장 바꿔!" 아니면 "책임자 나오라 그래!"가 아닐까요? 보통 직원에 대한 불만서부터 회사의 정책은 물론 서비스 품질에 이르기까지 불만 사항이 발생하면 동네 개 부르듯이 "사장 나와!"를 외쳐 대곤 합니다. 고객이 이렇게 책임자 또는 "사장 나와!"를 반복해서 요구를 하면 어떻게 해야 할까요?

먼저 해야 할 일은 다짜고짜 사장이나 책임자를 찾는 이유가 무엇인지 파악하는 것입니다. 이와 함께 직원 자신의 고유한 권한과 범위를 설명하도록 하며, 책임자와 연결된다고 무조건 해결되는 것이 아니라는 사실과 함께 설령 책임자와 연결이 된다고 하더라도 직원이 하는 조치와 동일한 조치가 나올 것이라는 사실을 주지시키는 것도 중요합니다.

이렇게 다짜고짜 책임자를 찾는 사람들은 감정적으로 흥분이 되어 이성적·감정적으로 응대하기 어려우니, 이때는 앞에서 배웠다시피 먼저 E · A · R기법을 활용해 불만 사항이 무엇인지를 역질문을 활용해서 의도 파악은 물론 감정을 중립 상태로 끌어내리도록 하여야 합니다. 아래와 같은 표현을 사용하여 고객의 불만이나 화를 누그러뜨릴 수 있어야 합니다.

[실전 응대 표현]

> "책임자 통화 시 태도나 매너에 대한 모든 교육 및 훈련은 본인이 담당하므로 고객님의 불편 사항은 모두 수렴해서 개선토록 하겠습니다."
>
> "사실 관련 내용에 대해서는 상급자가 세부적인 내용에 대해서는 알지도 못할뿐더러 문제 해결에 대한 권한과 책임은 저에게 있기 때문에 회사 규정에 따라 처리해 드리도록 하겠습니다."
>
> "고객님, 죄송합니다. 어떤 일이신지 저에게 말씀해 주시면 문제 해결할 수 있도록 최선을 다하겠습니다."
>
> "먼저 저희 서비스(상품)에 많이 실망하시고 섭섭하시다고 하니 정말 죄송합니다. 실례지만 어떤 부분에 실망을 하셨는지 말씀해 주시면 저희가 최선을 다해 도와드리도록 하겠습니다."

먼저 고객의 불만 사항에 대해서 전부 말하게 하고 위와 같은 표현을 전달함으로써 고객의 화를 누그러뜨릴 수 있습니다. 다만 기업에 따라 윗선을 부를수록 개선되는 경우도 있으나, 그렇지 않은 경우도 있으니 상황에 따라 윗사람(책임자)을 바꿔 주는 것도 바람직합니다. 이를 통해 고객의 만족감 내지는 자존심을 충족시킬 수도 있으며 감정을 진정시키는 효과도 누릴 수 있습니다. 실제 접촉하게 되는 고객

들 중에는 자신을 알아 달라고 윗사람을 찾는 경우도 많습니다. 이럴
때는 윗사람을 대리할 수 있는 사람을 내세우거나 직접 상위 관리자
가 대면하면 곧바로 풀어지는 경우도 많습니다.

또한 책임자나 "사장 바꿔!"를 주장하는 것이 아니라, 소비자보
호센터나 공공기관(금융감독원, 방송통신위원회, 공정위 등)이나
NGO에 신고하겠다고 하는 고객이 있으면 아래와 같은 표현이나 테
크닉을 구사할 필요가 있습니다.

[실전 응대 표현]

"고객님, 더 이상 도움드리지 못해 죄송합니다."

"고객님, 고객님께서 그리 말씀을 하시니 저도 뭐라 드릴 말씀이 없군
요."

"고객님, 저희로서도 도움을 드릴 수 있는 방법이 없어서 유감스럽게
생각합니다."

위와 같은 표현을 통해 고객의 행동에 대해 두 손 들었다는 의사 또
는 상태를 나타냄으로써 더 이상은 협박하더라도 소용없도록 하여 고
객이 스스로 포기하게 만드는 테크닉을 사용하는 경우도 있습니다.
물론 이렇게 얘기를 해도 신고할 사람은 어떤 수를 써서라도 신고할
것입니다. 그러나 기업 입장에서는 수용할 수 없는 요구 조건을 내세
우며 억지를 부리는 사람들에게는 이러한 입장을 명확히 전달하는 것
이 오히려 낫다고 생각합니다.

일반적으로 이러한 내용을 가지고 소비자보호센터나 공공기관에

신고를 하더라도 해당 기관이 그리 한가하지도 않고, 이러한 일들의 경우 처리하기 어렵고 강제할 수 있는 사항도 아니며 무엇보다도 여러 미팅이나 세미나를 통해 업계의 민원에 대한 내용을 알고 있어 고객의 입장에서는 큰 소득을 얻기 힘들기 때문입니다.

다만 이러한 스킬을 활용할 때 주의하여야 할 점은 절대로 "하지 마십시오"라거나 "고객님 마음대로 하세요"라는 표현은 사용하지 말아야 한다는 점입니다. 만약 소비자원에 신고하겠다는 고객에게 "하지 마세요"라는 표현을 했다면 그것은 바로 고객으로 하여금 금품이나 보상에 대한 요구를 수용할 수 있는 계기를 제공하거나 기타 고객의 요구 조건을 들어준다는 뉘앙스를 풍겨 이후 응대를 어렵게 할 수 있기 때문입니다.

억지 주장을 펼치는 고객은
어떻게 대응해야 하나요?

접점에서 가장 첨예하게 대립하거나 응대하기 어려운 것 중에 하나가 바로 주관적인 생각이나 내용을 가지고 불만을 지속적으로 제기하는 사람들입니다. 대표적인 것이 문제없는 음식물을 먹고 난 뒤 배탈이 났다거나 TV를 장시간 봐서 눈이 나빠졌으니 보상을 하라고 억지 주장을 펼치는 것입니다. 최근에는 과일 빙수전문점이 눈에 띄게 늘었는데 "메뉴판에 있는 빙수 사진이랑 실제 주문한 빙수가 다르니 교환해 달라."고 하는 경우가 발생한다고 합니다. 또한 "홈쇼핑에서 판매하는 홍삼을 먹고 힘이 나지 않았으니 반품해 달라."고 하는 사례도 발생했다고 하니, 참 기가 막힐 노릇입니다.

이처럼 '효과가 없다'라거나 '실제 내용물과 다르다' 또는 '맛이 변했다'라고 주장하는 사람들에 대해서는 어떻게 응대하는 것이 바람직할까요? 먼저 '효과가 없다' 또는 '실제 내용물과 다르다'라고 주장하는 것 자체가 지극히 주관적이므로 대응하는 직원의 입장에서는 '효과가 없다'라거나 '실제 내용물과 다르다'라고 하는 고객의 주장을 받아들이기도 힘들고, 그것을 알 수 있는 방법도 없습니다. 이럴 때는 아래와 같은 표현이나 테크닉을 구사하는 것이 바람직합니다.

[실전 대응 표현]

"어떻게 효과가 없으셨는지 구체적으로 말씀해 주시겠습니까?"

"실제 내용물과 다르다고 말씀하셨는데, 구체적으로 어떻게 다른지 말씀해 주시겠습니까?"

"어떤 식으로 맛이 변했다는 것인지 말씀해 주시겠습니까?"

　위와 같은 표현을 하면 고객 입장에서도 딱히 자신이 말한 주관적인 내용을 객관화하기도 어렵기 때문에 뭐라고 반박하기도 어렵습니다. 다만 이렇게 접근할 때 주의할 점은 고객의 기분을 상하지 않도록 표현에 주의하여야 한다는 점입니다. 가끔 억지 주장을 하면서 고소하겠다고 하는 고객들도 일부 있습니다만, 어차피 이러한 문제로 고소하겠다는 것 자체가 말도 되지 않으며 아무런 문제가 되지도 않으니 전혀 부담을 느낄 필요가 없습니다. 다만 이러한 문제가 발생하지 않도록 제품이나 서비스의 품질을 개선하거나 실제 고객의 반응을 수시로 모니터링하여 실제 제품이나 서비스와 고객이 느끼는 품질의 간격(Gap)이 발생하지 않도록 하는 것이 무엇보다 중요합니다.

언론사에 제보하겠다고 협박하는 고객은
어떻게 하나요?

인터넷의 발달과 소셜네트워크서비스(SNS)의 확장 그리고 1인 방송의 폭발적인 증가와 접속률로 인해 기업의 입장에서는 어느 때보다 위험 관리(Risk management)가 중요해졌습니다. 가끔 말도 안 되는 사실이나 사실과는 전혀 거리가 먼 유언비어나 루머를 언론에 제보하겠다거나 개인 블로그에 지극히 개인적인 생각이나 주장을 마치 사실인 양 올려 기업의 이미지를 실추시키는 이들도 있습니다.

이들은 대부분 없는 사실을 미끼로 기업을 협박하여 터무니없는 보상을 요구하거나 자신의 요구가 관철되지 않으면 해당 회사의 게시판이나 메일을 통해 허위 사실을 올리거나 블로그를 포함한 SNS에 허위 사실을 공유하기 합니다. 그뿐만 아니라 해당 사실과 밀접한 관련이 있는 커뮤니티에 확인되지도 않은 글이나 사진을 올리기도 하고, 언론사 제보는 물론 정부 유관기관에게 지속적으로 민원을 제기하여 공론화함으로써 기업을 코너에 모는 경우가 많습니다.

사실 현장에서는 자신의 블로그나 언론사에 제보하겠다고 협박하는 사람들을 대상으로 대응해야 할 것은 없습니다. 어차피 언론사에 제보하겠다는 것은 어떻게 할 수 있는 입장이 아니므로 해당 부서를 안내하거나 한 발짝 뒤로 물러서서 중립적인 위치에서 대응하는 것이 바람직합니다. "마음대로 하세요!" 또는 "고객님 제발 제보하지 마세요."라는 것은 아무런 의미가 없습니다. 어차피 제보하는 것은 당사자의 마음이지 직원들의 마음은 아니기 때문입니다.

　사실 확인되지 않은 사실을 언론이나 인터넷을 통해 유포할 경우 '협박죄'는 물론 금전적인 대가를 요구할 경우에는 '공갈죄'도 성립될 수 있습니다. 또한 '명예훼손죄'는 사실을 유포한 경우에도 포함되는 판례도 있으니 참고하면 좋을 것 같습니다. 이와 같은 법률적인 내용을 근거로 해서 아래와 같이 표현함으로써 대응을 마무리하는 것이 좋습니다.

[실전 응대 표현]

"고객님, 그러지 마시고요." (X) ➡ "해당 건에 대해서는 제가 도움드릴 부분이 없네요." [현장 직원]

[한 발 뒤로 물러서는 중립 상태 유지] "고객님, 더 이상 도움드리지 못해 죄송합니다." [현장 직원]

"블로그에 자유롭게 쓰셔도 괜찮습니다만, 만약 사실과 다른 내용을 쓰실 경우 저희도 상응하는 법적 조치를 취할 수 있으므로 이 점에 유의하시기 바랍니다." [홍보팀이나 민원 전담팀]

"고객님께서 언론사에 제보하겠다는 것을 막을 수는 없습니다만, 확인되지 않는 내용을 언론이나 인터넷에 유포할 경우 '협박죄'가 인정될 수 있으니 이 점 유의하시기 바랍니다." [홍보팀이나 민원전담팀]

"허위사실을 게시하거나 유포할 경우 법적 제재를 받으실 수 있으니 이 점 유의하시기 바랍니다."

정신적 피해보상을 요구하는 고객은 어떻게 대응해야 할까요?

현장에서 일하는 직원분들을 대상으로 교육을 진행할 때 "가장 대응하기 어려운 것은 어떤 것인가요?"라고 물으면 항상 빠지지 않고 등장하는 것이 있습니다. 그것은 바로 '정신적인 피해보상'에 관한 응대입니다.

예를 들어 공포 영화를 보고 너무 무서워서 영화를 끝까지 못 봤으니 환불은 물론 정신적 피해보상을 해달라고 하거나 단체여행을 갔는데 여행가이드가 전체 집합 시간에 20분 정도 늦었다고 많은 사람 앞에서 면박은 물론 무안을 주는 바람에 심한 정신적 고통과 피해를 입었고, 이 일로 인해서 회사도 나갈 수 없었다고 클레임을 제기한 경우도 있었습니다. 그러면서 병원 치료비 및 통원에 들어간 교통비용과 월급은 물론, 자신이 자존심에 상처를 입었으니 이에 대한 거액의 보상을 해달라고 요구한 사례도 있었습니다.

이외에도 구두를 신고 한 달 만에 허리디스크가 생겼다고 치료비와 정신적 피해보상을 요구하는 고객도 있었고, 어떤 은행에 방문한 고객은 꽃이 시들어 안 좋은 기운의 영향을 받았다며 피해보상을 요구하기도 있으며, 심지어 어떤 고객은 은행 인출기에서 1,999원을 인출 요청했으나 2,000원을 지급하며 고객을 무시한 것에 대해 정신적인 피해보상을 하라고 억지 주장을 부리는 경우가 있다고 하니, 도대체 정신적인 피해보상의 끝은 어디인가요?

글을 읽다 보면 정말 있었던 일인가 싶을 정도로 우리 주위에는 이렇게 말도 안 되는 억지 주장을 하면서 정신적 피해보상을 요구하는 사람들이 의외로 많습니다. 몰상식이 상식인 블랙컨슈머인 입장에서는 충분히 이해할 수 있다고 해도 상식적인 사람들 입장에서는 도저히 이해가 어렵습니다. 그렇다면 이러한 고객들에게는 어떻게 대응해야 할까요?

여기서 중요한 것은 인과(因果)관계라고 할 수 있습니다. 즉, 정신적인 피해를 입었다고 주장하는 고객의 모든 현상에는 원인과 결과가 있는데, 고객이 주장하는 정신적인 피해라는 것이 명확한 실체가 없고 고객이 주장하는 원인이라는 것이 꼭 해당 결과에 직접적인 영향을 주었다고 보기 힘들기 때문에 쉽게 받아들여지기가 어렵습니다.

예를 들어 위의 사례를 놓고 보면, 여행가이드가 집합 시 제 시간 안에 모여 달라는 말과 고객이 입은 정신적인 고통과 피해 사이에 어떤 인과관계가 있는지에 대한 객관적인 증거가 제시되지 않으면 일방적인 고객의 주장이므로 어떠한 보상을 받을 수 없습니다.

실제 전문가들도 정신적인 피해보상에 대한 기준이 명확하지 않고, 기준이 명확하다고 하더라도 정신적인 손해라는 것을 입증하기 힘듭니다. 또한 정신적인 손해를 입었다고 하더라도 어떻게 그것을 돈으로 환산할 것이며, 설사 환산을 한다고 하더라도 어떤 기준에 근거해서 정할 것인지가 명확하지 않습니다.

이러한 문제가 발생했을 때는 고객을 탓하거나 평행선을 달리는 응대보다는 기업의 관점에서 업무 처리를 위해 기업이 필요로 하는 것을 역으로 요구하는 것이 바람직합니다. 예를 들어, 고객이 정신적인 피해보상을 입었다고 했으니 병원에서 발행하는 진단서를 제출해 달라고 하거나 무엇보다도 객관적인 증거나 틀림없는 사실을 입증할 수 있는 증거물을 제출해 달라고 하는 등의 대응이 필요합니다. 아래는 정신적인 피해보상을 요구하는 고객을 대응할 때 유용하게 쓸 수 있는 표현입니다.

[실전 응대 표현]

"인과관계를 확인하기 위해서 병원 진단서나 그 밖에 정신적인 피해를 입었다는 사실을 증명할 수 있는 서류 등을 준비해 주시겠습니까?"

"고객님이 정신적인 피해보상을 원하셨는데 이를 입증할 만한 자료나 증거물을 제출해 주셔야 처리가 가능하오니, 해당 병원에 가셔서 관련 서류나 자료를 준비해 주시면 감사하겠습니다."

다시 한번 강조하는데, 정신적인 피해보상을 요구하는 고객에 대해서는 누가 보더라도 객관적인 사실이나 증명할 수 있는 자료를 확보한 상태에서 대응할 필요가 있다는 점을 잊지 마시기 바랍니다.

공식적인 사과문 또는 공개 사과 요구 시 어떻게 대응해야 할까요?

가끔 현장에서는 말도 안 되는 억지를 부리는 사람들이 있습니다. 자신에게 저지른 실수나 잘못을 근거로 TV나 4대 일간지를 통해 공식적으로 사과를 하라고 황당한 요구를 하는 사람들이 대표적이라고 할 수 있습니다. 이러한 말도 안 되는 요구 사항을 수용하는 기업들은 없겠지요?

그렇습니다. 해당 기업의 실수로 인해 리콜을 하거나 햄버거 체인처럼 원료 문제로 인해 어떤 병을 야기했다거나 또는 다국적 기업의 가습기 살균제로 인한 피해자가 대규모로 발생해서 사회적으로 물의를 일으키지 않는 이상에야 개인의 요구 사항을 수용할 수 있는 기업은 그리 많지 않을 것입니다. 이러한 요구 사항에 대해서는 대응에 있어 상식적인 선을 넘어섰으므로 단호하게 거절하는 것이 바람직합니다.

다만 기업의 명백한 과실로 인한 피해가 확실하고, 이로 인해서 격앙된 어조로 기업에게 사과문이나 반성문을 요청하는 고객들이 있습니다. 이럴 때는 무조건 안 된다고 고압적인 자세를 유지할 경우 오히려 일을 크게 벌이게 될 수 있으므로 탄력적으로 대응하는 것이 좋습니다. 오히려 대부분의 고객은 사과문 작성을 통해 문제가 해결되는 경우가 많으니, 이 점 유의하시기 바랍니다.

여러분들도 잘 아시겠지만 사과문을 쓴다는 것은 잘못된 사실에 대해서 객관적인 사실에 근거하여 기업의 진심 어린 사과 및 성의가 반영되어야 하는 것은 물론이고, 단어 하나 문장 하나에 유의해서 작성해야 합니다. 잘못될 경우 또 다른 오해와 함께 문제를 일으킬 수 있기 때문입니다. 따라서 사과문을 보내겠다고 하면 사전에 법무팀이나 외부 전문가로부터 자문을 받고 난 뒤 보내는 것이 바람직합니다. 사과문을 보내는 것이 해결책의 도구로 활용되기도 하지만, 만에 하나 해당 고객이 다른 목적(보상 요구 및 인터넷 유포 또는 SNS 공유 등)으로 활용할 경우 발생할 수 있는 문제를 대비하기 위해서 반드시 이러한 절차를 거쳐야 합니다.

대부분의 선량한 고객들은 이렇게 사과문을 보내면 더 이상 문제삼지 않거나 불만을 제기하지 않고 해결되지만, 문제는 블랙컨슈머의 경우 위에서 언급한 바와 같이 이를 이용해서 여러 가지 불온한 목적으로 활용하는 경우가 많으니 조심하셔야겠습니다.

또한 주의할 점이 또 하나 있는데, 고객과 대면한 현장에서 고객이 요구한다고 그 자리에서 사과문을 쓰는 것은 바람직하지 않으니 절대 그런 방식으로 대응하지 마시기 바랍니다. 모양새도 안 좋을뿐더러 시간에 쫓겨 정제된 문장이 아닌 사용하지 말아야 할 단어나 문장을 사용할 가능성이 높습니다. 또한 내부적인 협의나 의사 결정이 충분

히 이루어진 상태에서 작성된 것이 아니어서 오히려 블랙컨슈머에게
는 빌미를 제공할 위험성이 매우 크고, 추후 문제 발생 시 협상을 어
렵게 할 수도 있기 때문입니다.

[실전 응대 표현]

■ 라디오나 TV 및 신문에 사과방송 요구 시

"고객님이 요구하는 사항은 회사 업무 규정상 처리가 어려운 사항입니
다."

"죄송합니다만, TV나 라디오에 사과방송을 내보내라고 하시는 것은 무
리한 요구이므로 이러한 요구 사항은 들어드릴 수 없습니다."

"매체를 통한 공개사과 요구는 법적으로나 저희 회사 내부 업무 규정에
도 정해져 있지 않은 사항이어서 도움을 드리기 어려운 사항이니 양해
바랍니다."

■ 당장 사과문 작성에 대해 의사 결정이 어려운 경우

"지금으로서는 구두로만 사과드릴 수밖에 없습니다. 사과문 작성과 관
련해서는 개인이 판단할 수 있는 문제가 아니므로 해당 사안과 관련하
여 내부 논의 후 전화 드리도록 하겠습니다."

"사과문 작성은 저 혼자 결정할 수 있는 문제가 아닙니다. 사과문과 관
련하여 관련 부서와의 논의를 통해 별도로 협의 내용을 전달해 드리도
록 하겠습니다."

사과문을 보내는 상황이 발생할 경우, 금전적인 보상을 요구하는

사람들도 있으므로 이들을 대응하는 직원들은 반드시 이들의 의도가 무엇인지 명확하게 파악하는 것이 중요하며, 현장에서는 사과문을 보내는 것보다는 가급적 개인적인 사과를 통해 마무리짓는 것이 바람직합니다. 사과문을 보내는 것은 최악의 상황에서 마지막으로 선택할 수 있는 조치라고 생각하면 좋을 것 같습니다.

실제 의도가 금전적인 보상이라는 것이 명확하게 밝혀지고 그들이 요구하는 보상이나 요구 조건이 도저히 받아들일 수 있는 것이 아니라면, 받아들일 수 없다고 단호하게 안내해야 합니다.

현장에서 기물파손 및 폭력행위를 일삼는 고객은 어떻게 대응해야 할까요?

직접 고객을 대면해야 하는 대면 채널에서 가장 고약한 것이 직접 내방한 고객이 폭력을 쓰거나 고래고래 소리를 지르며 기물을 파손하는 행위가 아닐까 싶습니다. 소리를 지르거나 흥분한 사람이라고 하면 그나마 E·A·R기법을 통해 감정을 중립 상태로 끌어내려 피해를 최소화할 수 있는데, 이미 화가 난 상태에서 직접 대면 채널로 찾아와 기물을 파손하거나 폭력을 행사하는 사람들은 이미 도를 넘어선 범죄행위자들이라고 봐야 합니다.

현장에서 기물을 파손하는 행위는 주거침입죄 또는 업무방해죄에 해당하는 행위입니다. 실제 법률에서는 적법한 절차를 거쳐 건물에 출입했다고 해도 직원의 정당한 퇴거 요구를 받았음에도 불구하고 나가지 않고 행패를 부리거나 기물을 파손하는 등의 행위에 대해서는 퇴거불응죄가 적용될 수 있습니다. 또한 통상적인 방문의 범위나 목적에서 벗어나 자신의 요구를 관철시킬 목적으로 잦은 방문을 통해 직원에게 위협을 느끼도록 하거나 점거하는 행위는 위법성을 띠며,

그 방문이나 점거 행위로 인해 정상적인 업무 수행이나 운영이 방해될 정도에 이를 경우 업무방해죄가 성립될 수 있습니다.

예를 들어, 현장에 와서 문신을 보여 주며 공포분위기를 조성하거나 소리를 지르며 기물을 파손하는 것도 형법상 업무방해죄에 해당하는 행위입니다. 이렇게 현장에 와서 행패를 부리거나 기물을 파손하는 등 소란을 피우는 경우, 먼저 녹화는 물론 녹음과 동시에 경찰서나 파출소에 신고를 하는 것이 좋습니다. 이때 단계적인 안내 및 경고가 병행되어야 하며, 이에 대해서 명확하게 의사가 전달되어야 합니다. 그리고 이러한 일이 발생하기 전에 평소 경찰서나 파출소와의 유기적인 협조 체계를 구축 및 유지하여야 합니다. 그렇지 않으면 실제 중요한 시기에 도움을 요청했음에도 불구하고 도움을 받지 못하는 경우가 발생하기 때문입니다.

이러한 사람들을 대응할 때는 절대로 같이 흥분하지 말아야 하며, 앞서 몇 차례 설명한 대로 E · A · R기법을 통해 감정을 중립 상태로 끌어내리는 노력을 해야 합니다. 정중한 어조로 해당 행위를 중지하도록 요청하며, 그대로 받아들여지지 않을 경우 단호하게 중지 요청과 함께 법 위반으로 처벌받을 수 있음을 안내해야 합니다. 이러한 조치와 안내를 하였음에도 불구하고 해당 행위를 멈추지 않고 지속한다면, 신속하게 경찰서 신고하거나 주변 사람들에게 도움을 요청해야 합니다.

단계적 안내 및 경고를 병행한 아래와 같은 표현을 활용해 보시기 바랍니다.

[실전 응대 표현]

- **1단계** "고객님, 많이 화가 나셨겠지만 마음을 차분히 가라앉히시고 말씀을 해 주시겠습니까? 말씀을 충분히 들어 보고 제가 도움을 드릴 수 있도록 하겠습니다." [고객 문제와 관련된 질문 병행] 또는 "실례지만 어떤 부분에 실망을 하셨는지 말씀해 주시면 저희가 최선을 다해 도와드리도록 하겠습니다."

- **2단계** [소란 행위가 지속될 경우] "현재 고객님으로 인해 정상적인 업무 수행이 어렵습니다. 업무에 지장을 받고 있으니 [해당 행위]를 멈추시고 돌아가 주십시오."

- **3단계** "고객님의 [해당 행위]는 위법 행위에 해당하며 이러한 행위가 지속되면 고객님도 죄를 물을 수 있으니 자제하시기 바랍니다. 아울러 지금 돌아가지 않는다면 경찰에 신고하겠습니다."

- **4단계** "경찰에 신고하였습니다."

- **5단계** "고객님, 경찰에 신고하였으며 경찰이 도착하기 전까지 고객 응대를 중단하도록 하겠습니다"

위에서처럼 단계적으로 안내와 경고를 하는 이유는 감정적으로 격앙될 수 있는 직원들의 돌발적인 행동을 방지하고 차후 법적인 조치를 취할 경우 기물파손 등의 행위를 한 사람을 대상으로 적법한 절차에 의해 대응하였음을 증거하는 증거 자료나 정황상 근거로 활용될 수 있기 때문입니다.

또한 이러한 소란 행위에 대해서는 직원이 개인적으로 대응하는 것이 아니라 조직적으로 대응해야 피해를 최소화할 수 있다는 사실도 간과해서는 안 되겠습니다.

성희롱을 하거나
욕설 및 폭언을 내뱉는 고객은
어떻게 대응해야 할까요?

최근에 콜센터에 전화해서 욕설이나 폭언은 물론 성희롱을 하는 사람들을 대상으로 '마음이음 연결음'을 제공하는 공익광고를 본 적이 있습니다. 상담사의 부모나 자식 또는 남편이나 아내가 녹음한 멘트를 ARS에 반영함으로써 성희롱이나 욕설 또는 폭언하는 사람들을 미연에 방지하는 효과를 나타내기도 했는데, 그 동영상을 보면서 많은 감동을 받기도 하였으나 한편으로는 이렇게까지 할 정도로 공감능력 없는 고객이 많다는 사실에 마음이 아프기도 하였습니다.

사실 이제는 대면 또는 비대면에서 이러한 행동을 하는 고객에 대해서는 단호하게 대처해야 합니다. 이를 위해 단계적인 조치가 필요하며, 구체적인 지침을 마련하고 적극적으로 응대할 수 있도록 해야 합니다. 욕설이나 폭언에 대해서는 몇 차례 경고를 한 후에도 멈추지 않을 경우 단선을 하는 것이 바람직하며, 성희롱의 경우 단호하게 거부 의사를 표시해야 합니다. 대면접점에서 거부 의사를 직접 표현하기 어려우면 책임자에게 업무 담당자 교체를 요구하면서 현장에서 빨리 벗어나도록 합니다.

아시다시피 욕설이나 폭언에 대해서는 이미 형법상 전화나 인터넷을 통해 상대방의 불안감 등을 조성하는 행위를 반복할 경우 「정보통신망 이용촉진 및 정보보호 등에 관한 법률」에 의거하여 1년 이하의 징역이나 1,000만 원 이하 벌금에 처해질 수 있습니다.

또한 대면접점에서 직원을 성적으로 희롱하는 경우, 아쉽게도 형사처벌 근거도 없고 형사처벌 대상이 아닙니다. 다만 성희롱을 근거로 해서 정신적 피해에 대한 민사상 손해 배상을 청구할 수는 있습니다. 따라서 만일에 대비해 녹화 또는 녹음을 하거나 유리한 정황 확보를 위해 직원을 포함한 목격자를 확보하는 것이 좋습니다. 대면과는 달리 전화상에서 성적으로 희롱하는 행위에 대해서는 「성폭력 범죄의 처벌 등에 관한 특례법」에 의해서 처벌될 수 있습니다.

[실전 응대 표현]

■ 욕설 및 폭언을 할 경우

"고객님, 현재 고객님과 저의 대화 내용은 모두 녹음되고 있음을 알려드립니다."

"고객님의 입장이나 상황은 충분히 이해되고 공감하고 있습니다만, 지금의 상태로는 문제 해결이 어려우니 주의 부탁드립니다."

"고객님, 앞서 말씀드렸다시피 고객님의 감정이 격한 상태에서는 상담 진행이 어려우며, 이러한 상황이 지속되면 통화 도중 임의 종료가 될 수 있으니 다시 한번 자제를 부탁드립니다."

"고객님, 두 차례에 걸쳐 욕설 및 폭언 자제를 요청 드렸으나 고객님이 수용하지 않아 부득이하게 도움을 드리기 어렵습니다. 죄송하지만 통화를 먼저 종료하도록 하겠습니다."

"고객님, 현재 고객님은 업무를 방해하고 있으며 고객님의 이러한 말과 행동은 위법행위에 해당하는 행위므로 자제를 부탁드립니다."

■ 성적으로 희롱할 경우

"고객님, 업무 관련한 부분에 대해서만 말씀해 주시기 바라며, 업무와 관련되지 않은 사적인 영역의 말씀은 자제해 주시기 바랍니다."

"고객님, 지금 대화 내용은 성적 수치심은 물론 혐오감을 일으킬 정도로 매우 불쾌합니다."

"고객님이 지속적으로 이와 같은 행동을 할 경우, 법적 대응할 수 있음을 알려 드립니다."

"고객님이 계속해서 성적 수치심을 유발하는 발언을 하실 경우, 통신매체 이용 음란죄에 해당되어 2년 이하의 징역 또는 500만 원 이하의 벌금에 처해질 수 있으니 자제해 주시기 바랍니다."

[비대면] "제가 계속해서 안내 말씀 및 거부 의사를 표현했음에도 불구하고 해당 행위를 하셨으므로 전화를 끊도록 하겠습니다."

[대면] "제가 계속해서 안내 말씀 및 거부의사를 표현했음에도 불구하고 해당 행위를 하셨으므로 다른 담당자가 업무를 진행할 수 있도록 하겠습니다."

PART 5

블랙컨슈머와의 협상 시
필요한 대응 테크닉

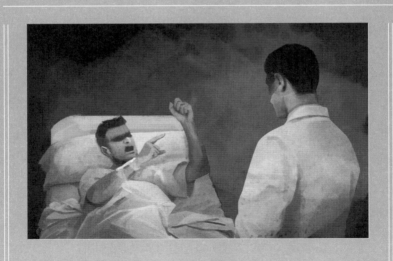

중요한 시점에 결정을 미루거나 핑계를 대는 경우

보통 중요한 시점에 결정을 미루는 경우는 자신이 해당 문제에 대해서 정확한 판단을 못하겠다는 의미로 받아들이면 되며, 이 때문에 보통 블랙컨슈머의 경우 타인을 내세우거나 결정을 지연시키며 때로는 핑계와 함께 변명으로 일관하는 수법을 구사하기도 합니다.

이럴 때는 먼저 결정을 지연하는 이유나 핑계 또는 변경하고자 하는 사유를 확인하는 것이 순서입니다. 실제로 지연이나 변경에 대한 사유를 들어 보면 추상적인 것들이 대부분인 경우가 많습니다. 이럴 때는 반드시 앞에서도 배웠던 역질문(부메랑 기법)을 통해서 변경이나 지연 또는 결정을 이루는 사유가 무엇인지를 구체적으로 파악하는 것이 중요합니다.

[예시 표현]

▌ 결정이 지연되는 이유가 무엇인지 말씀해 주시겠습니까?

또한 중요한 시점에 타인 또는 결정권자를 변경할 경우에는 그 대상자가 누구인지 파악하는 것도 중요합니다. 실제로 상황을 모면하고자 결정권자가 따로 있다고 하는 경우도 있지만, 대부분은 정확한 판단을 하지 못해 변명을 하는 경우가 많습니다. 이럴 경우, 아래와 같이 직접적으로 결정권자가 누구인지 물어보는 것이 좋습니다.

[예시 표현]

혹시 어느 분과 논의를 해야 하는지 말씀해 주시겠습니까?

이렇게 질문이 이어질 때 메모는 필수이며, 응대를 할 때는 향후 다른 변명이나 핑계를 예방하기 하기 위해 반드시 문서화해야 합니다. 예를 들어 블랙컨슈머의 경우 자신이 불리하면 흔히 "잘못 이해했다." 또는 "내가 그렇게 말한 적이 없다."라거나 "기억이 나지 않는다."라고 말하면서 발뺌하는 경우가 많습니다. 이럴 때를 대비해서 메모나 문서화가 반드시 필요하며, 중간중간에 요약 및 확인 작업을 진행하는 것이 좋습니다.

이와 함께 대화를 지연시키는 행위는 시간에 대한 부담감이나 압박을 통해서 유리한 상황을 조성하기 위한 행동이라고 보시면 됩니다. 이럴 때는 역으로 시간을 통제하거나 시간을 제한하여 압박을 가하는 것이 좋습니다. 예를 들면 아래와 같습니다.

[예시 표현]

"그렇다면 생각할 시간을 드리도록 하겠습니다. 천천히 생각해 보시고 O시까지는 말씀해 주시기 바랍니다."

만약 이러한 방법이 통하지 않을 경우, 직접적으로 합의 조건이나 해결책을 제시하는 것도 한 가지 방법입니다. 이때 통계적으로 가장 먼저 제시된 제안이나 조건을 선택하는 경향이 높다는 점을 인식하시고, 조건이나 해결책을 제시하시기 바랍니다.

말도 안 된다는 표정을 짓거나
제스처를 취하는 경우

흔히 블랙컨슈머나 불만 고객을 응대하는 과정에서 과도한 표정을 짓거나 놀라는 척하면서 이해를 못하겠다는 표정이나 태도를 보인다면, 대부분 거짓된 반응일 가능성이 높습니다. 이러한 행위를 통해 현장에 있는 직원들로 하여금 분노, 화, 짜증 등의 감정을 유발하여 협상이나 상황을 본인에게 유리하게 만들려는 의도로 받아들이시면 됩니다.

블랙컨슈머라고 하는 사람들 자체가 억지스러운 말과 말도 안 되는 행동을 일삼는 사람들이기 때문에 원하는 것은 구체적으로 요구하면서도 판단의 과정상에 필요한 이유에 대해서는 절대로 말을 하지 않습니다. 또한 상황에 상관없이 막무가내인 경우가 많습니다. 그러한 그들이 이렇게 과도한 표정을 짓거나 제스쳐를 취하는 경우는 그들의 쓰는 수법과 같은 연장선상에 있다고 보시면 됩니다.

이들의 이러한 행동에 대해서는 무시하시고 문제 해결에만 집중하시는 것이 좋습니다. 위에서도 언급하였다시피, 과도한 표정이나 이해하지 못하겠다는 제스처에 속아서 감정을 드러내거나 동요할 경우 제대로 된 응대가 이루어질 수 없다는 사실을 잊지 마시기 바랍니다. 따라서 감정을 표출하지 않고 침착하게 문제 해결에만 집중하면서 다시 제안하거나 설명하는 것이 바람직합니다.

이때 해당 고객의 조건이나 해결책이 무엇인지를 파악하기 위해서 역으로 질문을 하는 것이 좋은데, 해당 고객이 조건이나 해결책을 언급할 경우 재확인 및 요약을 통해 상대방의 의도 및 조건을 구체화해야 합니다. 물론 상대방이 제시한 협상 조건이나 해결책을 중심으로 협상을 시도하는 것이 좋습니다만, 협상 조건이 받아들이기 어려운 정도로 터무니없거나 해결책에 대한 견해차가 클 경우에는 단호하게 협상이나 대화를 중단하는 것이 바람직합니다.

이를 위해 사전에 보상에 대한 구체적인 가이드라인을 마련해 놓아야 이러한 상황에서 체계적으로 대응할 수 있습니다.

갑작스럽게 소극적으로 대응하거나 침묵으로 일관하는 경우

응대 도중 갑작스럽게 자신의 생각을 표현하지 않고 소극적인 태도로 일관하거나 침묵하는 것 또한 자신이 스스로 불리하다는 것을 반증하는 태도나 행위로 이해하시면 됩니다. 문제 해결과는 거리가 먼 불안감 조성을 통해 좀 더 유리한 협상을 얻어내려 하거나 좀 더 나은 상황이나 여건을 취하기 위해서 의도적으로 침묵이나 소극적인 태도로 일관하는 것입니다.

이때 이들을 대응하는 직원들은 당황하거나 불안한 모습을 보이거나 또는 재촉하는 듯한 태도를 보여서는 안 됩니다. 이럴 때는 지속적인 질문을 통해 협상에 유리한 답변을 이끌어 내도록 해야 합니다. 이를 위해 직원들은 자신이 가지고 있는 정보나 자신의 생각을 표현하지 않고, 대상 고객으로 하여금 의도가 어떤 것인지를 파악하기 위한 질문을 시도하는 것이 바람직합니다.

[예시 표현]

"~어떻다고 생각하십니까?"

"제가 드린 말씀이 고객님이 생각하는 내용[의도]을 정확히 이해한 것입니까?"

"어떻게 문제가 해결되길 원하시는지 말씀해 주시겠습니까?"

　지속적인 질문이 통하지 않고 불만 고객이 계속해서 침묵을 유지할 경우, 응대하는 직원도 상대방과 똑같이 침묵을 유지하는 것 또한 한 가지 대응 방법입니다. 말 그대로 "눈에는 눈, 이에는 이"라고 할 수 있습니다. 보통 직접 대면하는 오프라인에서 침묵으로 일관하는 경우는 이를 통해 상대방으로 하여금 불안감을 유발하려는 의도가 큽니다. 결국 해결해야 하는 것은 직원의 몫이기 때문입니다. 이렇게 침묵을 통해 불안감이 유발되면 잘못된 판단을 할 것이라고 생각하기 때문에, 이때는 당황하지 않고 같이 침묵을 유지하는 것이 좋습니다.

　침묵하고 있는 동안 메모 또는 비언어적 커뮤니케이션을 병행합니다. 보통 침묵이라는 것은 5초 이상을 초과하기 힘든데, 이때 침묵하고 있던 블랙컨슈머가 "지금 내 말은 듣고 있냐?"라고 한다면 그때 메모했던 내용을 전달하면 됩니다. 또는 역으로 "좀 더 생각할 시간이 필요하신가요?"라고 묻는다면 상대방을 압박하는 의외의 효과를 거둘 수도 있습니다.

> ## '모 아니면 도'식으로
> ## 벼랑 끝 전략을 내세우는 경우

흔한 말로 최고의 전략은 'BJR전략'이라고 합니다. 상황이 여의치 않으면 배째라(BJR) 전략을 쓰는 것이 최고라는 우스갯소리도 있습니다. 벼랑 끝에 몰린 것처럼 배수의 진을 치고 도저히 물러날 기세를 보이지 않는 경우, 기업의 보상 가이드라인 또는 허용할 수 있는 범위 내에서 조건부 수용 또는 조건을 세분화해서 수용하는 전략을 취하는 것이 좋습니다.

그러나 그들이 요구하는 조건과의 격차(Gap)가 클 경우에는 무시하고 협상을 종료하는 것이 낫습니다. 어차피 문제 해결의 열쇠는 블랙컨슈머가 아닌 의사 결정 주체인 우리에게 있다는 사실을 잊으시면 안 됩니다. 기억나시나요? 현장에서 제대로 대응하기 위해서는 신속하고 일관성 있는 대처가 필요한데, 여기서 중요한 것은 신속한 대응이지 신속한 해결이 아니라는 점을 인식하셔야 한다는 것입니다. 어차피 시간이 흐를수록 불리해지는 사람은 블랙컨슈머이지, 문제를 차분하게 해결하려고 하는 우리가 아니라는 사실을 잊지

245

말아야 합니다.

협상을 진행할 때 먼저 해야 할 일은 협상의 한계선을 정하는 일입니다. 블랙컨슈머가 요구하는 조건이 무엇인지를 구체적으로 파악하는 것이 중요한데, 보상·교환·환불·수리·판정·사과·회수 등과 같이 구체적인 요구 조건을 파악하고, 보상을 원할 경우 보상 규모나 범위를 구체화해야 합니다. 이렇게 요구 조건을 명확히 해야 불필요한 오해도 줄일 수 있고 협상의 간격을 줄일 수도 있기 때문입니다. 물론 협상을 위해서는 사전에 일정 부분 권한과 책임이 부여되어야 합니다.

이렇게 요구 조건을 파악하여 명확화를 한 후, 실제 그들이 원하는 조건을 객관화하여 현실적인 결과에 대한 정보를 제공하여야 합니다. 만일 그들의 요구 사항에 대해서 수용이 어려울 경우 '어렵다'는 입장을 명확히 전달합니다. 어정쩡한 태도나 자세를 유지하면 오히려 협상 자체도 어렵고, 나중에는 이들의 태도나 주장에 이끌려 다닐 가능성도 있기 때문입니다.

이들을 협상으로 이끌어 내기 위해 이들이 주장하는 조건이나 요구에 대해 일부 수용을 시사하는 것도 중요합니다. 이를 통해 어느 정도 수용하면 되는지 또는 그들의 생각이나 태도에 어떤 변화가 있는지를 파악하는 것입니다. 위에서도 언급한 바와 같이 보상·교환·환불·회수·판정·사과·교환·교체 등과 같이 요구 사항을 세분화하거나, 가격·수량·품질·기한·장소·기타 옵션 등을 세분화해서 추후 다른 말이 나오지 않도록 해야 하며, 이때 문서화는 필수입니다.

또한 협상 과정에서 유리한 조건을 제시하고 상대가 동의할 경우 블랙컨슈머가 제시한 요구 조건을 수용합니다만, 만약 위에서도 언급한 바와 같이 요구 조건의 격차(Gap)가 큰 경우나 협박조로 나오거나 큰소리를 지르면 무시하고 협상에만 집중합니다. 그래도 격차가 좁혀지지 않는다면 통제 가능한 영역인지 아니면 불통제 영역인지를 판단한 후 관련부서로 이관하는 것이 바람직합니다.

응대 도중 갑자기 화를 내거나
상관없는 사실이나 정보에 집착하는 경우

블랙컨슈머들이 가장 잘하는 것이 뭐라고 하였나요? 그렇습니다. 감정을 흔들어 자신에게 유리한 상황을 만들기 위해 소리를 지르거나 욕을 하거나 그것도 여의치 않으면 기물파손이나 폭력을 휘두르기도 한다고 하였습니다.

가끔 이들은 보면 "세상 참 편하게 산다"는 생각을 지우기 어렵습니다. 기선을 제압하기 위해서 소리를 지르고 욕하고 직원들을 무시하거나 협박을 하거나 자신에게 불리하다 싶으면 갑자기 기억이 나지 않는다고 단기 기억상실증 환자 코스프레를 하기도 합니다. 상황에 따라서는 거짓말도 청산유수처럼 해대는 것이 이들이 저지르는 수법입니다.

그런데 우리는 이미 배웠다시피, 이들의 이러한 수법은 응대하는 사람들의 관심을 분산시키거나 감정을 흔들어 좀 더 유리한 상황이나 조건을 만들어 협상을 유리하게 이끌어 내기 위한 의도로 일부러 저지르는 행위라는 점을 명확히 인식하여야 합니다.

응대 도중 소리를 지르거나 화를 내는 것은 업무 때문이지 일하고 있는 직원들에게 나쁜 감정이 있어서가 아니라는 점을 분명히 인식하셨으면 합니다. 단순히 이목을 끌거나 "협상을 유리하게 이끌려고 악다구니를 쓰는구나"라고 생각하시면 됩니다. 이럴 때 화를 낸다고 무조건 양보하라는 매뉴얼이나 규칙은 없으므로 앞에서 설명한 대로 E·A·R기법을 활용해 중립 상태로 끌어내리거나 아래와 같은 표현을 적절히 활용하시는 것이 좋습니다.

[예시 표현]

> "이렇게 화를 내시면 제대로 문제 해결이 어렵습니다."
> "고객님, 소리를 지른다고 해결될 문제가 아닙니다. 문제 해결을 위해 노력하고 있으니 목소리를 낮춰 주시겠습니까?"

또한 문제 해결과는 상관없는 정보나 사실에 얽매여서 직원을 괴롭히는 경우에도 핵심 사안에서 벗어나 분산 및 관심을 유도해 내기 위한 행동임을 인식하고, 고객이 말하는 정보나 사실이 문제 해결에 어떤 역할을 하는지 그리고 그것이 왜 중요한지를 역으로 물어보는 것도 한 가지 방법입니다.

즉, 문제 해결을 위한 대화 또는 본질에 집중할 수 있도록 중요한 사항이 무엇인지 환기시키는 것이 바람직합니다. 핵심 내용에 대한 메모나 이를 근거로 주요 내용을 환기해서 확인해 주는 것도 병행되어야 합니다. 아래 표현을 참고하세요.

[예시 표현]

"고객님, 지금 중요한 일은 이 문제를 해결하는 것에 있습니다."

"지금 가장 중요한 것은 이 문제를 가급적 빨리 해결하는 데 있으니 문제 해결에 집중하였으면 합니다."

M. T. P(사람, 시간, 장소 변경) 전략을 쓰는 경우

가장 고전적인 방법이면서도 실제 협상을 하거나 응대를 할 때 효과를 발휘하는 것이 바로 M. T. P 전략입니다. 사람을 바꾸거나 시간을 변경하거나 또는 장소를 옮겨서 고객 불만에 대응하는 것을 의미합니다. 장소, 시간, 사람 등에 대해 고객이 자신에게 유리하도록 활용할 경우, 이러한 이들의 수법을 역으로 활용할 수 있어야 합니다.

프로야구를 보면 홈앤드어웨이(Home & Away) 경기가 있습니다. 아무래도 홈구장에서 경기를 치르는 것이 유리하겠지요. 이와 같이 일부 불만 고객의 경우, 장소나 위치를 자신에게 유리한 곳, 즉 집이나 사무실로 바꿔 찾아오라는 사람들도 있습니다. 그런데 이들의 요구 조건을 그대로 들어주면 오히려 심리적으로 위축될 우려가 있으니, 이때는 제3의 장소를 먼저 제안하는 것이 좋습니다.

장소가 정해지면 적당한 밝기의 장소가 좋으며, 의자도 상대방보다 낮은 의자 또는 햇볕이 직접 내리쬐는 자리는 피하는 것이 좋습니다. 그리고 출입구에서 가장 멀고 기둥이나 창문을 배경으로 자리잡는 것이 좋습니다. 보통 고객센터나 데스크에서 고객을 응대할 때는 직원들 등 뒤로 큰 거울을 배치해 놓으면 고객이 스스로 거울을 통해 얼굴을 볼 수 있게 되는데, 이렇게 되면 불만의 강도를 낮출 수 있습니다.

또한 시간을 변경하려는 고객이 있다면 큰 무리가 없는 선에서는 양보를 해도 무방하지만, 가급적 1차적으로 제시한 약속 시간은 의도적으로 거절하는 것이 바람직합니다. 협상이나 응대의 주도권을 고객이 아닌 직원이 확보한다는 느낌을 줄 수 있고, 실제 그러한 영향력을 발휘하기 때문입니다. 시간 변경과 관련해서는 일부러 2개 정도의 가능한 시간을 알려 주도록 합니다.

마지막으로 사람을 변경하거나 인해전술을 구사하는 경우도 있습니다. 이럴 때는 우선 누가 정확히 의사결정권자인지를 파악하는 것이 중요합니다. 또한 인해전술을 구사할 경우, 모든 의사결정권자가 모였으니 당장 의사결정을 해달라고 요구해야 합니다.

또한 인해전술을 구사하는 경우, 그나마 우호적인 사람이나 의사결정권자라고 한 사람에게만 집중하고 다른 사람들은 철저히 무시해야 합니다. 또한 예상에도 없었던 다양한 사람들을 대동하고 온 경우에는 아무래도 분위기에 짓눌릴 우려가 있으니, 이때는 내부 논의를 거쳐 기업측에서도 관련 담당자들이 참여하여 효과적으로 문제를 해결할 수 있도록 하겠다고 말한 후 재정비하여 재논의를 거치는 것이 좋습니다. 이때 예상치 못한 상황이니 논의할 시간을 달라고 요구한 후, 관련 담당자들에게 관련 내용을 설명 및 공유하고 어떻게 대응할 것인지 방향성이나 대안을 마련하고 재논의하는 것이 바람직합니다.

"
마무리 단계에서 조건을 붙이거나
꼼수를 부리는 경우
"

제일 짜증나는 것이 마무리 단계에서 딴소리를 하거나 꼼수를 부리는 것이 아닐까요? 현장에 있다 보면 꼭 이런 부류의 사람들이 있습니다. 왜 마무리 단계에서 이렇게 조건을 붙이거나 꼼수를 부리는 것일까요? 생각해 보신 적이 있으신가요?

아시다시피 보통 마무리 단계에서는 누구나 긴장이 풀리기 마련입니다. 이제 마지막 종착역이 눈앞에 다가왔으니 조금만 참으면 된다는 생각도 할 것이고, 어려운 시기를 거쳐 마무리 단계까지 왔으니 느슨해지기 마련인 것이죠. 그런데 이렇게 긴장이 풀리고 느슨해지는 시기를 틈타 조건을 붙이거나 꼼수를 부리는 경우가 많은 것이 사실입니다.

마무리 단계에서는 서둘러 끝내고자 하는 것이 사람의 심리입니다. 이러한 심리를 이용해 조건을 붙이는 전략을 쓰는 경우도 있는데, 이때는 당황하지 말고 그들이 제시하는 조건이나 꼼수에 따라 응대하는 쪽에서도 동일한 조건을 제시해야 합니다. 이때 중요한 것은 반드시 관련 내용을 꼼꼼히 메모를 통해 문서화하는 작업이 병행되어야 한다는 점입니다.

위와 같이 대응하면 해당 고객은 더 이상 그러한 꼼수가 먹혀 들지 않는다는 것을 알고 더 이상 그러한 행동을 하지 않습니다. 또한 이와 함께 더 강력한 대응 방법은, 마무리 단계에서의 요구 조건이 받아들여지지 않을 경우 기존의 모든 협상 내용이 깨지는 것이냐고 묻는 방법입니다. 바보가 아닌 이상에야 어렵게 협상을 해서 얻어낸 성과를 번복하지는 않을 것이기 때문입니다.

[예시 표현]

> "마무리 단계에서 추가 조건을 붙이는 행위에 대해서는 주의하라는 조언을 들었는데, 이로 인해 지금까지 논의되었던 조건을 다른 조건에서 다시 시작하는 일은 없었으면 합니다."

앞서, 대응할 때 메모를 통한 문서화가 중요하다고 했습니다. 메모 또는 대응 이력이 없으면 응대의 일관성 유지나 주도권을 확보하기 어렵기 때문입니다. 따라서 응대 시 메모는 필수입니다. 또한 논의를 하다가 문서화된 내용 이외에 추가 조건이나 꼼수를 부리는 경우, 추후 재논의에 대한 가능성이 필요하다는 사실을 인식시킴으로써 대응에 있어서 주도권을 확보할 수 있습니다.

합의 내용 부정 또는 애매모호한 태도로 질질 끄는 경우

　위와 같이 시간을 들여 논의한 내용을 전면적으로 부인하거나 집중하지 못하고 애매모호한 태도를 유지하는 경우는 대부분 합의한 내용이 마음에 들지 않거나 원치 않은 결과를 얻었음을 의미합니다. 이럴 때는 흥분하지 말고 위에서 설명 드렸던 역(逆)질문이나 요약 및 확인을 통한 문서화가 필요합니다. 이러한 태도를 취하는 사람들에 대해서는 상황에 따라 재논의가 필요하기도 합니다.

　합의한 내용에 대해서 감정적인 대응은 자제를 해야 하며, 추후 재협의를 위해서라도 반드시 문서화가 필요한데, 이렇게 이성적으로 대응을 해도 합의 내용을 부정하는 사람들도 있습니다. 예를 들어 분명히 방금 전에 합의해 놓고도 "기억이 나질 않는다."라거나 또는 "나는 그렇게 이해하지 않았다."라고 하는 사람들이 대표적입니다.

　이렇게 이들이 합의한 내용을 부정하는 이유는 간단합니다. 이미 자신에게 불리하게 합의된 사항을 다시 논의하게끔 하려는 의도입니다. 이럴 때는 감정적으로 반응하는 것을 자제하고 이성적으로 대응하는 것이 바람직합니다. 어차피 감정적으로 대응하는 것은 그들의 수법에 놀아나는 것이고, 결국 대응에 실패할 가능성이 높기 때문입니다.

이럴 때는 흥분을 가라앉히고 "뭔가 오해가 있었나 봅니다."라고 말하며 상호 감정이 상하는 것을 막고, 다시 논의한 내용을 복기하면서 대응해야 합니다. 이때 전에 대응했던 이력이나 문서화된 정보를 통해 대응하되, 상대가 합의한 내용을 추후 다시 부정하는 일이 없도록 합의된 내용을 문서화하거나 녹음을 하는 것이 좋습니다. 또한 중간중간에 내용을 요약하거나 확인하는 작업도 병행하는 것이 바람직합니다. 사안의 명확화가 중요하므로 집중하지 않고 충분히 경청한 후, 대응 시 유리한 내용을 위주로 요약 및 확인이 필요합니다.

[예시 표현]

"말씀 감사합니다. 그러니까 고객님께서 말씀하신 내용은 [구체적인 내용]이라는 말씀이시죠?"

"말씀 감사드립니다. 그런데 다시 말씀드리지만 제가 알고 싶은 내용은 [구체적인 내용]입니다."

이러한 노력을 했음에도 불구하고 계속해서 집중하지 않고 애매모호한 태도를 유지할 경우, 역으로 구체적인 내용을 요약 및 정리해 달라고 요청하는 것도 한 가지 방법입니다. 이러한 스킬의 활용은 위에서도 얘기한 것처럼 사안의 명확화를 위해서 반드시 필요합니다.